Andreas Vonderach

DIE DEKONSTRUKTION DER RASSE

ARES VERLAG

Andreas Vonderach

Die Dekonstruktion der Rasse

Sozialwissenschaften gegen die Biologie

ARES VERLAG

Umschlaggestaltung: DSR – Digitalstudio Rypka/Thomas Aldrian, Dobl
Umschlagabb. Vorderseite: iStock/yacobchuk

Bibliografische Information der Deutschen Nationalbibliothek

Die Deutsche Nationalbibliothek verzeichnet diese Publikation in der Deutschen Nationalbibliografie; detaillierte bibliografische Daten sind im Internet unter https://www.dnb.de abrufbar.

Hinweis:
Dieses Buch wurde auf chlorfrei gebleichtem Papier gedruckt. Die zum Schutz vor Verschmutzung verwendete Einschweißfolie ist aus Polyethylen chlor- und schwefelfrei hergestellt. Diese umweltfreundliche Folie verhält sich grundwasserneutral, ist voll recyclingfähig und verbrennt in Müllverbrennungsanlagen völlig ungiftig.

Auf Wunsch senden wir Ihnen gerne kostenlos unser Verlagsverzeichnis zu:
Ares Verlag GmbH
Hofgasse 5 / Postfach 438
A-8011 Graz
Tel.: +43 (0)316/82 16 36
Fax: +43 (0)316/83 56 12
E-Mail: ares-verlag@ares-verlag.com
www.ares-verlag.com

ISBN 978-3-99081-021-7

Layout: Ecotext-Verlag Mag. G. Schneeweiß-Arnoldstein, Wien
Druck und Bindung: Finidr, s.r.o., Český Těšín

Inhalt

Einleitung 9
Am Anfang war Boas 11
Ashley Montagu 18
Etablierung einer Zivilreligion 20
Die Durchsetzung des Populationskonzepts 22
Popanz Typologie 26
Der Sieg der Rassenleugner 28
Richard Lewontin 30
Alan R. Templeton 34
Der Einfluß des Konstruktivismus 38
Die Verdrängung des Rassenbegriffs aus der Lehre 41
Der neue Rassenrealismus 43
Sind Cluster Rassen? 48
„Lewontin's fallacy" 53
Gibt es psychische Rassenunterschiede? 59
Der allgegenwärtige Rassismus 66
Und die Wahrheit biegt sich … 68
Ist der Rassenbegriff essentialistisch? 71
Kommentierte Bibliographie 74
Quellenverzeichnis 100

„Eine Menschenrasse ist eine Gruppe von Individuen, die eine kennzeichnende Vereinigung von normalen und erblichen Körpermerkmalen mit beschränkter Schwankungsbreite aufweist.“

> Egon von Eickstedt: Rassenkunde und Rassengeschichte der Menschheit, Stuttgart 1934, S. 10.

„Die Subspezies oder geographische Rasse ist eine taxonomisch lokalisierte Unterabteilung einer Art, die sich genetisch oder taxonomisch von anderen Unterabteilungen der Art unterscheidet.“

> Ernst Mayr: Systematics and the Origin of Species from the Viewpoint of a Zoologist, New York 1942, S. 106.

„Rasse: Eine genetisch mehr oder weniger isolierte Gruppe von Menschen, die einen gemeinsamen Gen-Bestand aufweisen, der von dem der Angehörigen anderer ähnlicher Isolate verschieden ist.“

> Curt Stern: Grundlagen der menschlichen Erblehre, Göttingen, Berlin u. Frankfurt a.M. 1955, S. 509.

„[...] durch viele korrelierte erbliche Merkmale charakterisierte Bevölkerungsgruppen bezeichnet man als ‚Rassen‘. [...] Menschliche Rassen gibt es, wenn man sie definiert als Korrelations-Schwerpunkte erblicher Merkmale.“

> Friedrich Vogel: „Die biologische Grundlage von Gruppenunterschieden beim Menschen“; in: Eckhard J. Dittrich u. Frank-Olaf Radtke (Hg.): Ethnizität. Wissenschaft und Minderheiten, Opladen 1990, S. 217–225, hier S. 217 u. 224.

Einleitung

Wer heute in Deutschland aufwächst, zur Schule geht oder an einer Universität studiert, der weiß: Rassen gibt es nicht. Seine Alltagserfahrung sagt ihm zwar etwas anderes, aber wenn die Lehrer und Professoren es behaupten, wird das schon auf irgendeine besonders kluge Weise wahr sein. Außerdem sagen nur Rassisten, daß es Rassen gebe, und das sind böse Menschen, die andere Menschen versklaven oder umbringen, nur weil die eine andere Hautfarbe haben. Und wer dann noch eine Vorlesung über Konstruktivismus gehört hat, gehört zu den Eingeweihten, die es besser wissen als die anderen, nämlich: Rassen gibt es nicht.

Doch wie konnte sich eine Auffassung, die so im Widerspruch zu aller Offenkundigkeit steht, durchsetzen? Jeder Mensch weiß doch, was Rassen sind, und kann sie augenblicklich problemlos erkennen.

In diesem Buch zeichne ich den Verlauf nach, den das Paradigma „Rassen gibt es nicht“ von seinen ersten Anfängen in den 1940er Jahren bis zu seiner allgemeinen Durchsetzung in der westlichen Welt genommen hat. Auf welchen Fakten und Argumenten beruht es? Und ist es berechtigt, oder gibt es auch Gegenargumente? Wie konnte es sich bis heute immer weiter verfestigen?

Am Anfang war Boas

Seit den 1890er Jahren war in der amerikanischen Anthropologie – sie umfaßte, anders als in Europa, sowohl die biologische Anthropologie als auch Kulturanthropologie (Ethnologie) und die vergleichende Sprachwissenschaft – Franz Boas die beherrschende Persönlichkeit. Der amerikanische Ethnologe Marvin Harris nennt ihn *„one of the most influential figures in the history of social science*“[1]. Und der amerikanische Wissenschaftshistoriker Carl Dengler schreibt: *„Boas' Einfluß auf die amerikanischen Sozialwissenschaftler in Sachen Rasse kann kaum übertrieben werden.*“[2]

Franz Boas (1858–1942) war im westfälischen Minden als Sohn jüdischer Eltern geboren worden. Er hatte seine wissenschaftliche Ausbildung noch in Deutschland als Schüler von Adolf Bastian erhalten und war 1887 in die Vereinigten Staaten emigriert – der Legende nach, weil er für sich als Juden im damaligen Deutschland nur wenige Chancen auf einen Lehrstuhl sah, tatsächlich wohl wegen seiner Verlobung mit einer Amerikanerin.[3] In Amerika erlangte er 1896 eine Dozentur für Anthropologie an der Columbia-Universität in New York, wo er 1899 auch eine Professur erhielt. Als Ordinarius an der Columbia-Universität hatte Boas in der jungen US-Anthropologie eine Schlüsselstellung inne. Diese stand erst am Anfang ihrer Etablierung als Universitätswissenschaft. Boas war eine charismatische Persönlichkeit, die viele Schüler für sich einnehmen konnte. Es gelang ihm, etliche seiner Schüler auf den neugeschaffenen anthropologischen Lehrstühlen an amerikanischen Universitäten zu plazieren.

---

1 MARVIN HARRIS zit. n. EGON RENNER: „Franz Boas' Historismus und seine Rolle bei der Begründung der amerikanischen Ethnologie“; in: MICHAEL DÜRR, ERICH KASTEN u. EGON RENNER (Hg.): Franz Boas. Ethnologe – Anthropologe – Sprachwissenschaftler. Ein Wegbereiter der modernen Wissenschaft vom Menschen, Wiesbaden 1992, S. 125–167, hier S. 125.

2 CARL N. DEGLER: In Search of Human Nature. The Decline and Revival of Darwinism in American Social Thought, New York u. Oxford 1991, S. 61.

3 THOMAS HAUSCHILD: „Kultureller Relativismus und anthropologische Nationen. Der Fall der deutschen Völkerkunde“; in: ALEIDA ASSMANN, ULRICH GAIER u. GISELA TROMMSDORFF (Hg.): Positionen der Kulturanthropologie, Frankfurt a.M. 2004, S. 121–147, hier S. 144.

Boas, der von der geisteswissenschaftlichen Schule des deutschen Philosophen Wilhelm Dilthey (1833–1911) geprägt war, wurde zum Begründer des amerikanischen *Kulturrelativismus*. Er wandte sich gegen die in der damaligen Ethnologie verbreitete Vorstellung des Evolutionismus, wonach die menschlichen Kulturen verschiedene Entwicklungsstufen von den steinzeitlichen Jägern und Sammlern bis zur modernen Industriegesellschaft repräsentierten. Er lehnte den Evolutionismus vor allem deswegen ab, weil er die Vorstellung einer unterschiedlichen Wertigkeit nicht nur der Kulturen, sondern auch der Rassen nahelegte. Boas war überzeugt, daß die *„psychische Grundlage kultureller Merkmale bei allen Rassen identisch ist“*[4]. Nach Boas' Meinung ist jede Kultur durch eine spezifische Kombination von Kulturmerkmalen und -inhalten definiert. Welche aber diese Merkmale sind, sei historisch zufällig entstanden und durch keinen zwingenden Zusammenhang bedingt. Jede Kultur habe ihre eigenen Wertvorstellungen und sei nur aus sich selbst heraus verstehbar.

Boas förderte konsequent nur solche Schüler, die seine politischen und wissenschaftlichen Prämissen teilten. Wie sein Schüler Alfred L. Kroeber berichtet, verlangte er, daß man *„kompromißlos dieselben Werte anerkannte wie er selbst“*[5]. Um 1915 kontrollierten die Boasianer die American Anthropological Association und verfügten über eine Zweidrittelmehrheit in deren Vorstand.[6] Und um 1926 wurde jede größere anthropologische Fakultät in den USA von Boas-Schülern geleitet, von denen die meisten Juden waren.[7]

Boas vertrat eine extrem milieutheoretische Auffassung von der Natur des Menschen. Angesichts der gewaltigen Macht des kulturellen Milieus seien genetische Einflüsse *„gänzlich irrelevant“*[8]. Boas ging zwar nicht so weit, die Existenz von Rassenunterschieden generell zu leugnen, meinte aber bereits 1894, daß sie für kulturelle und individuelle Entwicklungs-

---

4 FRANZ BOAS: The Mind of Primitive Man, New York 1911, S. 24; zit. n. DEREK FREEMAN: Liebe ohne Aggression. Margaret Meads Legende von der Friedfertigkeit der Naturvölker, München 1983, S. 52.

5 Zit. n. ABRAM KARDINER u. EDWARD PREBLE: Wegbereiter der modernen Anthropologie, Frankfurt a.M. 1974, S. 145.

6 GEORGE W. STOCKING: Race, Culture, and Evolution. Essays in the History of Anthropology, New York 1968, S. 285.

7 KEVIN B. MACDONALD: Die Kultur der Kritik. Eine evolutionäre Analyse jüdischer Einflüsse auf intellektuelle und politische Bewegungen des 20. Jahrhunderts, Gröditz 2013, S. 107 f.

8 FRANZ BOAS: „Race“, in: Encyclopaedia of the Social Sciences 13, 1934, S. 34, zit. n. FREEMANN, Liebe ohne Aggression, S. 334.

unterschiede und damit auch für die (Kultur-)Anthropologie und Ethnologie irrelevant seien.[9] Seine Schülerin Margaret Mead schrieb, daß *„wir niemals nach psychologischen Erklärungen sozialer Phänomene suchen sollten, solange die Erklärungsversuche im Sinne der Kultur noch nicht ausgeschöpft sind"*[10]. Boas' Buch „The Mind of Primitive Man" von 1911 wurde vom amerikanischen Anthropologen Leslie Spier die *„Magna Charta der Rassengleichheit"* genannt.[11]

In diesem Buch, das auf die physische Anthropologie nur wenig einging, führte Boas die Eigenschaften der Naturvölker auf ihre von der Biologie unabhängigen Kulturen zurück. Er räumte zwar ein, daß die Negriden ein wenig altertümlichere physische Merkmale und ein kleineres Gehirn besitzen; das habe aber mit ihren kognitiven Eigenschaften nichts zu tun. Sein wichtigstes Argument gegen die Ansicht, daß mit der morphologischen Altertümlichkeit auch eine psychische einhergehe, war, daß es keine Korrelation von Gehirngröße und Intelligenz gebe.[12] Dieses Argument taucht teilweise auch noch heute in der „antirassistischen" Literatur auf, obwohl es schon lange durch viele Untersuchungen widerlegt ist. Die Korrelation zwischen Intelligenz und Gehirngröße beträgt gemessen an der Schädelkapazität 0,3 und mit modernen bildgebenden Verfahren gemessen 0,4 (Korrelationsgrade werden in Werten von 0,0 bis 1,0 ausgedrückt).

Boas' Überzeugung von der „Plastizität" des Menschen ging aber noch weiter und bezog dessen physisches Erscheinungsbild mit ein. In einer großangelegten Untersuchung der Schädel von europäischen Einwanderern aus verschiedenen Ländern kam er zu dem Schluß, daß sich die unterschiedlichen Kopfformen auch ohne Vermischung, nur durch das Milieu, schon in der nächsten Generation an eine mittlere amerikanische Kopfform anglichen. Boas' Arbeit wurde weltweit zitiert und galt als Beleg für die Formbarkeit des Menschen durch seine Umwelt. Erst im Jahr 2001 ergaben Nachprüfungen der Untersuchung durch den amerikanischen Anthropologen Richard L. Jantz, daß Boas' Schlüsse nicht zu halten sind – daß die Daten vielmehr die genetische Verankerung und die Umweltsta-

---

9 BERNHARD TILG: „Franz Boas' Stellungnahmen zur Frage der ‚Rasse' und sein Engagement für die Rechte der Afroamerikaner"; in: HANS-WALTER SCHMUHL (Hg.): Kulturrelativismus und Antirassismus. Der Anthropologe Franz Boas (1858–1942), Bielefeld 2009, S. 85–99, hier S. 87.

10 Zit. n. FREEMAN: Liebe ohne Aggression, S. 78.

11 ERICH KASTEN: „Franz Boas: Ein engagierter Wissenschaftler in der Auseinandersetzung mit seiner Zeit"; in: DÜRR, KASTEN u. RENNER: Franz Boas, S. 7–37, hier S. 33.

12 FRANZ BOAS: Kultur und Rasse, 2. unveränd. Aufl., Berlin u. Leipzig 1922.

bilität der Kopfform belegten und Boas folglich seine Daten manipuliert haben mußte.[13]

Zu Boas' Schülern, die in der Folge die amerikanische Ethnologie bis in die 1970er Jahre hinein dominierten, gehörten Ruth Benedict (1887–1948), Margaret Mead (1901–1978), Alfred L. Kroeber (1876–1960), Ashley Montagu (1905–1999), Abram Kardiner (1891–1981) und Geoffrey Gorer (1905–1985). Die Boas-Schule sah die Kulturen durch Erlerntes geprägt. Menschliches Verhalten sei kulturell bedingt und damit äußerst variabel. *„Eine Kultur stellt, einem Individuum vergleichbar, ein mehr oder weniger konsistentes Denk- und Handlungsmuster dar"*, schrieb Ruth Benedict.[14] Dabei sei jede Kultur im Prinzip so gut wie jede andere. Unsere eigene Kultur zu bevorzugen, sei provinziell, imperialistisch und beruhe auf *„Rassenvorurteilen"* (Ruth Benedict).

Für die Vertreter der Boas-Schule, die vielfach – wie Boas selbst – ethnischen oder sexuellen Minderheiten angehörten (viele stammten als jüdische Emigranten aus Europa, Ruth Benedict und Margaret Mead waren ein lesbisches Paar), war die eigene Kultur nicht ein positiver Bestandteil der eigenen Identität, sondern etwas, von dem sie sich bedroht und eingeengt fühlten und von dem man sich befreien müsse und auch könne. Erst wenn es gelinge, die *„Fesseln der Tradition"* abzuwerfen, so meinte Boas, sei eine freie Gesellschaft möglich. Er schrieb: *„In der Tat basieren wohl alle meine Gedanken über das Sozialleben auf folgender Frage: Wie kann man erkennen, welche Fesseln uns die Vergangenheit anlegt? Wenn wir sie erkennen, können wir sie auch brechen."*[15] Die Feindseligkeit der heutigen Linken unserer eigenen Kultur gegenüber hat hier eine ihrer Wurzeln.

Die metapolitische Botschaft der Kultur-und-Persönlichkeit-Schule war offensichtlich und wurde auch so verstanden: Kulturen sind von Menschen gemacht und damit veränderbar. Die jüdischen Wissenschaftler hatten sich oft unter inneren Kämpfen von ihrer jüdischen Ursprungkultur losgesagt und fühlten sich zugleich von der nichtjüdischen Mehrheitskultur bedroht. Hinzu kamen das traditionelle jüdische Auserwähltheitsge-

---

13 COREY S. SPARKS u. RICHARD L. JANTZ: „A Reassessment of Human Cranial Plasticity: Boas revisited"; in: Proceedings of the National Academy of Sciences of the USA 99, 2002, S. 14636–14639.

14 RUTH BENEDICT: Urformen der Kultur, Hamburg 1955; zit. n. SYLVIA M. SCHOMBURG-SCHERFF: „Ruth Fulton Benedict: Patterns of Culture"; in: CHRISTIAN F. FEEST u. KARL-HEINZ KOHL (Hg.): Hauptwerke der Ethnologie, Stuttgart 2001, S. 41–47, hier S. 43.

15 Zit. n. KARDINER u. PREBLE: Wegbereiter, S. 141.

fühl und der Messianismus, die sie nun auf eine säkulare Menschheitsutopie übertrugen.[16] Sie verstanden unter „Rassismus“ in erster Linie Antisemitismus und nahmen ihn entsprechend persönlich, ein Aspekt, der ihren Gegnern oft nicht bewußt war. Viele jüdische Organisationen wie das American Jewish Committee (AJC) unterstützten in den 1930er Jahren die Forschungen Franz Boas’ und seiner Schüler auch finanziell.

Indem man die Institutionen und Überzeugungen einer Gesellschaft verändere, sei es möglich, auch die Persönlichkeiten zu ändern und einen neuen, *emanzipierten* („befreiten“) Menschen zu schaffen. Die Boasianer glaubten an die Möglichkeit der sozialtechnischen Herstellbarkeit einer globalen Rassengleichheit.[17] Eine Allmachtphantasie, die bis heute hinter vielen linken Politikvorstellungen steckt. Wären erst einmal alle Rassenvorurteile beseitigt und spielten körperliche Unterschiede keine Rolle mehr, stünde einer universalen Gleichheit nichts mehr im Wege.[18] Daß diese zugleich die Auflösung der traditionellen Kulturen und Ethnien bedeuten würde, die man ja (abgesehen von der eigenen) zu schützen vorgab, machte man sich nicht bewußt. Letztlich waren die Überzeugungen der Boasianer keine wissenschaftlichen Erkenntnisse, sondern spekulativ begründete ideologische Postulate.

Boas verstand sich nicht nur als Wissenschaftler, sondern auch als politischer Aktivist, der leidenschaftlich den „Rassismus“ und den Antisemitismus bekämpfte und sich für die Belange der amerikanischen Schwarzen einsetzte. Wissenschaft war für Boas, wie er selbst sagte, *„Politik im Kleinen“*[19]. Nicht in den genetisch bedingten Eigenschaften der Afroamerikaner, sondern in deren rassistischer Diskriminierung lägen die Ursachen ihrer sozialen Situation.[20] Erst wenn es eine umfassende Vermischung der Schwarzen mit der weißen Bevölkerung gäbe, nur wenn die Schwarzen

---

16 JUSTIN STAGL: Kulturanthropologie und Gesellschaft. Wege zu einer Wissenschaft, München 1974, S. 86.

17 CHRISTIAN GEULEN: „Franz Boas und der Kulturdeterminismus“; in: SCHMUHL: Kulturrelativismus und Antirassismus, S. 121–139, hier S. 131.

18 Ebd., S. 132.

19 CHRISTIAN GEULEN: „Blonde bevorzugt. Virchow und Boas: Eine Fallstudie zur Verschränkung von ‚Rasse‘ und ‚Kultur‘ im ideologischen Feld der Ethnizität um 1900“; in: Archiv für Sozialgeschichte 40 (2000), S. 147–170, hier S. 169.

20 SILKE HENSEL: „Immigration und Rassendiskurs in den USA. Der Beitrag Franz Boas’ zum Niedergang rassistischer Wissenschaft und Politik“; in: SCHMUHL: Kulturrelativismus und Antirassismus, S.101–120, hier S. 110.

vollständig in den Weißen aufgingen, könnten die Probleme der afroamerikanischen Bevölkerung gelöst werden.[21]

Boas war Mitglied zahlreicher politisch links ausgerichteter Organisationen.[22] Seit 1920 führte das FBI eine Akte über ihn.[23] In dieser werden allein 19 kommunistische Organisationen angeführt, denen Boas angehörte, darunter die Society for Cultural Relations with Russia, das American Committee for the Defense of Leon Trotzky, das National Committee for the League Against Fascism und die Association for the Advancement of Atheism.

„Sowjetrußland stand für das Ende der Unterscheidungen“, schreibt der jüdisch-amerikanische Historiker Yuri Slezkine (geb. 1956). *„Die Problematik des Nationalstaates sollte durch Abschaffung der Nationen und aller Staaten gelöst werden. Die jüdische Frage sollte zusammen mit allen Fragen, die sich je gestellt haben, nebenbei mitgelöst werden.“*[24] Und der israelische Historiker Jacob L. Talmon (1916–1980) schreibt: *„Die Juden nahmen Rache an einer feindlichen Welt in völlig neuer Weise [...], indem sie die Menschen von jeder Religion befreiten, von jedem patriotischen Gefühl.“*[25]

Boas radikale Entwertung des Rassenbegriffs wurde von den nichtjüdischen Anthropologen zunächst nicht ernst genommen und als Parteilichkeit aufgrund seiner jüdischen Herkunft angesehen.[26] Dennoch gerieten diese immer mehr in die Defensive, was sich zum Beispiel darin äußerte, daß sich amerikanische Anthropologen wie Ernest A. Hooton (1887–1954) oder Carleton S. Coon (1904–1981) – beide angelsächsischer Herkunft – in ihren Büchern auf die rein körperlichen Merkmale beschränkten und psychische Merkmale ausklammerten.

Vor dem Hintergrund des aufsteigenden Nationalsozialismus fanden die Vorstellungen der Boasianer ab den 1930er Jahren in der gebildeten

---

21 Ebd., S. 111.

22 FRIEDRICH PÖHL: „Einleitung“; in: FRIEDRICH PÖHL u. BERNHARD TILG (Hg.): Franz Boas – Kultur, Sprache, Rasse. Wege einer antirassistischen Anthropologie, Wien u. Münster 2009, S. 1–25, hier S. 19.

23 BERNHARD TILG: „Gegen den Strom der Zeit. Franz Boas, ein Anti-Rassist und politischer Aktivist“; in: PÖHL u. TILG: Kultur, Sprache, Rasse, S. 97–110, hier S. 105 f.

24 YURI SLEZKINE: Das jüdische Jahrhundert, Göttingen 2006, S. 213.

25 JACOB L. TALMON: Israel Among the Nations, London 1970, S. 25.

26 VERONIKA LIPPHARDT: „‚Investigation of Biological Changes‘. Franz Boas in Kooperation mit deutsch-jüdischen Anthropologen, 1929–1940“; in: SCHMUHL: Kulturrelativismus und Antirassismus, S. 163–185, hier S. 165.

Bevölkerung breite Akzeptanz. Man glaubte jetzt, daß es „aufgeklärt“ sei, zu behaupten, daß Rassenunterschiede belanglose Äußerlichkeiten seien. Keiner wagte mehr, von Rassenunterschieden zu sprechen – aus Angst, den Anschein zu erwecken, er würde für die Sache der Nationalsozialisten eintreten.

Ashley Montagu

Eine Vorreiterrolle bei der Tabuisierung des Rassenbegriffs spielte Boas' Schüler Ashley Montagu. Montagu war 1905 als Israel Ehrenberg im Londoner Arbeiterviertel East End geboren worden und hatte am Londoner Universitätskolleg Psychologie und Anthropologie studiert. Dort legte er sich den nach altem englischen Adel klingenden Namen Ashley Montagu – Montagu stammt aus dem Normannischen – und einen Oberschicht-Akzent zu, den er sein Leben lang beibehalten sollte. Montagu hatte einen tiefsitzenden Minderwertigkeitskomplex und mißtraute seinen Mitmenschen. „*Wenn man als Jude aufgewachsen ist, dann weiß man, daß alle Nichtjuden Antisemiten sind. [...] Ich denke, das ist eine gute Ausgangshypothese.*“[27]

1926 ging Montagu nach Amerika, wo er nach einigen Jahren Doktorand von Franz Boas an der Columbia-Universität in New York wurde. Boas' Einfluß auf ihn war so stark, daß Montagu von der „*Neuerschaffung des Ashley Montagu*“ sprach. Wie Boas gehörte auch Montagu zahlreichen kommunistischen Organisationen an. 1942, während des Zweiten Weltkriegs, erschien Montagus Buch „Man's Most Dangerous Myth: The Fallacy of Race“, in dem er offensiv die Boassche Position zum Rassenbegriff vertrat. Dieser sei teilweise willkürlich, tendenziell rassistisch und sollte durch den Begriff „ethnische Gruppe“ ersetzt werden.[28]

Montagus Buch war der Grund dafür, daß er 1950 als Vorsitzender eines internationalen Komitees von Fachleuten mit der Formulierung des Texts einer UNESCO-Resolution gegen Rassismus beauftragt wurde. Zu dem Komitee gehörten acht Kulturanthropologen und Sozialwissenschaftler, darunter neben Montagu der Franzose Claude Lévi-Strauss und der Brite Morris Ginsberg, aber kein physischer Anthropologe.

In der am 18. Juli 1950 veröffentlichten Erklärung hieß es – völlig zu Recht –, „*daß Gleichheit als ethisches Prinzip in keiner Weise von der Behauptung abhängt, die Menschen seien tatsächlich gleich ausgestattet.*“ Die Erklärung bestritt zwar nicht die Existenz von Rassen, behauptete

---

27 Zit. n. PAT SHIPMAN: Evolution des Rassismus. Gebrauch und Mißbrauch von Wissenschaft, Frankfurt a.M. 1995, S. 226.

28 Ebd., S. 216 ff.

aber: *„Rasse ist weniger ein biologisches Phänomen als vielmehr ein gesellschaftlicher Mythos“*, und sprach sich dafür aus, den Begriff der Rasse abzuschaffen und durch die Bezeichnung „ethnische Gruppe“ zu ersetzen. Es hieß darin außerdem, es gebe *„keinen Beweis, daß die Menschengruppen sich in ihren angeborenen Eigenschaften unterscheiden, sei es in Intelligenz oder im Temperament. Die wissenschaftlichen Befunde deuten darauf hin, daß das Spektrum der geistigen Fähigkeiten bei allen ethnischen Gruppen ziemlich gleich ist […].“*[29]

Ersteres – daß es keine Beweise für psychische Rassenunterschiede gebe – mag strenggenommen zur damaligen Zeit noch richtig gewesen sein. Beweise für das Gegenteil gab es aber ebensowenig. Daß die wissenschaftlichen Befunde gegen psychische Unterschiede sprächen, war aber schon damals falsch. Die hohe Heritabilität der Intelligenz und anderer psychischer Merkmale war aus der Zwillingsforschung bekannt, und sowohl die theoretische Wahrscheinlichkeit als auch die allgemeine Erfahrung sprachen schon damals eher für die Existenz psychologischer Rassenunterschiede.

Außerdem hieß es in der Deklaration, biologische Untersuchungen stützten eine Ethik der weltweiten Brüderlichkeit. Der Mensch werde mit einem natürlichen Hang zur Zusammenarbeit geboren, und wenn dieser Trieb nicht befriedigt werde, würden Menschen und Nationen krank.[30] Das richtete sich gegen die Vorstellung, der „Ethnozentrismus“ könnte biologische Wurzeln im menschlichen Verhalten haben. Tatsächlich mußte aber schon damals dem Einsichtigen klar sein, daß die wissenschaftlichen Befunde vielmehr für eine biologisch verankerte Familien- und Stammesmoral als für eine universelle Gleichheit sprachen.

Die UNESCO-Resolution beschwor gleich nach ihrer Veröffentlichung die Proteste vieler physischer Anthropologen herauf. Die UNESCO rief daraufhin ein neues Komitee ins Leben, diesmal unter dem Vorsitz des französischen Anthropologen Henri Vallois (1889–1981), der kein Rassengegner war. Das neue Komitee verfaßte eine erneute Erklärung, veröffentlicht im Juni 1952, die den Rassenbegriff nicht mehr verwarf und sich zur Frage psychischer Rassenunterschiede ausweichend äußerte.[31]

---

29 Zit. n. ebd., S. 222.
30 Ebd., S. 220 ff.
31 Ebd., S. 229 f.

Etablierung einer Zivilreligion

Die Vorherrschaft der Boasianer in der amerikanischen Anthropologie führte dazu, daß genetische und evolutionsbiologische Fragestellungen aus dieser praktisch ausgeschlossen wurden und daß spekulative und unwissenschaftliche Studien (wie etwa die von Margaret Mead über die Samoaner) als vorbildliche Wissenschaft galten sowie eine unverhältnismäßig große Autorität und Publizität erhielten.[32] Den amerikanischen Anthropologen galt jetzt jede biologisch-genetische Argumentation als rassistisch und jede Betonung von Umwelt und Erziehung als prinzipiell anti-rassistisch.[33] Empirische Fakten, die diesem Bild nicht entsprachen, etwa aus der erbbiologischen Zwillingsforschung über die hohe Heritabilität psychischer Eigenschaften, wurden einfach beiseitegedrängt und ignoriert.

Sowohl die wissenschaftliche Verstehbarkeit der Welt als auch das Ideal der universalen Gleichheit und deren gesellschaftlicher Machbarkeit sind Paradigmen, die aus der Aufklärung stammen. Beide stehen aber letztlich in Widerspruch zueinander, denn die Menschen sind von Natur aus höchst ungleich. Mit der Boas-Anthropologie hat sich die Linke für die Gleichheit entschieden und auf das Ideal der Wissenschaft verzichtet. Sie ist seither darauf angewiesen, alle wissenschaftlichen Erkenntnisse, die auf die Realität von biologischen Unterschieden zwischen Rassen, Völkern, sozialen Gruppen und Geschlechtern verweisen, als rassistisch, biologistisch und sexistisch zu denunzieren und zu unterdrücken.

Nach dem Tod von Boas 1942 war Alfred Kroeber das unbestrittene Oberhaupt der amerikanischen Kulturanthropologie. Auch für Kroeber lag das Hauptanliegen der Anthropologie darin, die Menschen geistig zu befreien, sie von *„überkommenen Stammestabus“*[34] zu erlösen. *„Der Vererbung dürfen wir keine Rolle in der Geschichte zubilligen.“*[35]

Nach dem Zweiten Weltkrieg wurde die Anthropologie Boasscher Prägung in den USA eine regelrechte Modewissenschaft, deren Einfluß weit

32 FREEMAN: Liebe ohne Aggression, S. 309 ff.

33 GEULEN: „Franz Boas und der Kulturdeterminismus“, S. 122.

34 Zit. n. KARDINER u. PREBLE: Wegbereiter, S. 192.

35 ALFRED KROEBER: „Eighteen Professions“; in: American Anthropologist 17, 1915, S. 283–288, hier S. 285.

über das eigene Fach hinausreichte. Es entstanden zahlreiche Lehrstühle selbst an den kleinsten Colleges. Sie galt als das allgemeinbildende Fach überhaupt. Die Zahl der Hochschulen, die anthropologische Lehrveranstaltungen anboten, hatte sich von 1940 bis 1950 verdoppelt. 95 Prozent der Anthropologiestudenten wählten die Anthropologie als Nebenfach, zusätzlich zu einem Hauptfach oder als Teil eines Lehramtsstudiums. Die *Cultural anthropology* wurde und wird vor allem im Rahmen der allgemeinbildenden *Liberal arts* unterrichtet, welche ein Vorstudium zu spezialisierten Fachausbildungen darstellen.[36]

Die Lehre der Boas-Schule avancierte so zu einem wesentlichen Bestandteil der amerikanischen Schul- und Universitätskultur und des linken intellektuellen Selbstverständnisses. „*Die Anthropologie ist uns eine Lebenseinstellung geworden, ein Wertsystem, das wir an jeden weitergeben, mit dem wir auch immer in Berührung kommen*", schrieb der Anthropologe Sol Tax.[37] Im Selbstverständnis der amerikanischen Progressiven war sie der neue, wissenschaftliche Humanismus ihrer Zeit. Ihr zentraler Wert ist die Toleranz – die Toleranz gegenüber „Minderheiten" und fremden, nichteuropäischen Kulturen. Das Grundübel in der Welt stellen für sie dagegen der „Rassismus" und der „Ethnozentrismus", die Bevorzugung der eigenen Kultur und die Beurteilung anderer Kulturen von ihren Werten her, dar. Von Amerika aus griff die Boassche Anthropologie dann auch auf Westeuropa über, wo sie – wie in ihrem Ursprungsland – vielfach auch heute noch ein selbstverständlicher Bestandteil der Ideologie der 68er und ihrer Nachkommen ist.

In Frankreich und England hatte es zur gleichen Zeit ähnliche Entwicklungen gegeben. In Frankreich setzte sich in den Sozialwissenschaften das Dogma des jüdischen Soziologen Émile Durkheim (1858–1917) durch, wonach soziale Phänomene nur soziale Ursachen haben könnten (und keine biologischen oder psychologischen). Diese Lehre prägte nicht nur die französische Anthropologie, sondern strahlte auch auf die britische aus, die sich *Social anthropology* nannte. Die Schrift „Rasse und Geschichte" von Claude Lévy-Strauss, in der dieser genetischen Rassenunterschieden jede Relevanz abspricht, ist heute in Frankreich Schullektüre.[38]

---

36 STAGL: Kulturanthropologie und Gesellschaft, S. 110.

37 SOL TAX: „The Use of Anthropology"; in: ders. (Hg.): Horizons of Anthropology, Chicago 1964, S. 445–481; zit. n. STAGL: Kulturanthropologie und Gesellschaft, S. 110.

38 WERNER PETERMANN: Die Geschichte der Ethnologie, Wuppertal 2004, S. 862.

Die Durchsetzung des Populationskonzepts

Ab den 1940er Jahren bekamen die Boasianer Schützenhilfe von den Genetikern. Die experimentellen Tiergenetiker in der Nachfolge Mendels hatten mit der Zeit die Grundlagen der Populationsgenetik gelegt, indem es ihnen gelungen war, die Evolutionsprozesse mathematisch zu beschreiben. Ausgehend von der Population beschrieben sie deren Variabilität und wie sie sich durch Gendrift (zufällige Veränderungen) und Selektion verändert. Die Genetiker hatten ihre Methode weitgehend unabhängig von den übrigen, vorwiegend naturbeobachtenden Biologen entwickelt.

Durch mehrere Bücher wie „Genetics and the Origin of Species“ von Theodosius Dobzhansky (1937), „Evolution. The Modern Synthesis“ von Julian Huxley (1942) und Ernst Mayrs „Systematics and the Origin of Species from the Viewpoint of a Zoologist“ (1942) wurde der Ansatz der Genetiker über deren eigene Kreise hinaus bekannt und löste in der Biologie eine intensive Auseinandersetzung über die Funktionsweise der Evolution aus. Auf einer gemeinsamen Konferenz von Genetikern und Biologen im Januar 1947 in Princeton (New Jersey) wurden die Grundzüge einer neuen Sichtweise der Evolution festgelegt. Diese neue Auffassung nennt man in der Biologie die „Neue Synthese“ oder die „Neue Systematik“. Die Vertreter der „Neuen Systematik“ wandten sich vor allem gegen den typologischen Art- und Subspeziesbegriff, gegen welchen sie den Populationsbegriff in Stellung brachten: Man müsse die gesamte Variabilität berücksichtigen und nicht nur einen generalisierten Typus beschreiben.

Eine Art sei eine isolierte Fortpflanzungsgemeinschaft, betonten die Populationsgenetiker, und eine Subspezies oder Rasse eine ebenfalls (geographisch oder ökologisch) relativ isolierte Population innerhalb einer Art. Die Genetiker gingen von monogenen Merkmalen wie den Blutgruppen aus, deren Erbgang bekannt war. Im Grunde war es egal, um was für Merkmale es sich eigentlich handelte, wenn man nur ihre quantitative Entwicklung in der Population verfolgen konnte. Die Forscher bevorzugten dabei kleine, isolierte Populationen, die sich leicht beobachten ließen und in denen Zufallsschwankungen (Gendrift) sich schnell auswirkten. Ihr Populationsbegriff war der einer abstrakten Population, in der sich alle Individuen mit gleicher Wahrscheinlichkeit zufällig miteinander fortpflanzen und sich alle Merkmale unabhängig voneinander vererben; etwas, was es in der Wirklichkeit nicht gibt.

Die führenden Vertreter der „Neuen Systematik" waren jedoch nicht nur wissenschaftlich motiviert. Der britische Biologe Julian Huxley (1887–1975) – er war der Bruder des Schriftstellers Aldous Huxley – hatte bereits 1935 zusammen mit dem britischen Zoologen und Anthropologen Alfred C. Haddon (1855–1940) ein Buch mit dem Titel „We Europeans. A Survey of ‚Racial' Problems" geschrieben, das sich gegen die nordistische Rassenlehre in Deutschland richtete. Die Autoren behaupten darin, reine Menschenrassen gebe es in Europa nicht, und es sei unmöglich, Rassen zu definieren. Huxley vertrat einen atheistischen, kosmopolitischen „wissenschaftlichen Humanismus", der sich vor allem gegen jede Form von Nationalismus wandte. Huxleys Freund Theodosius Dobzhansky (1900–1975) war 1927 aus der Sowjetunion nach Amerika geflohen und hatte sich in New York an der Erforschung der Genetik der Taufliege (Drosophila) beteiligt. Trotz seiner Flucht aus Rußland gehörte Dobzhansky zur politischen Linken. Er war von der Einheitlichkeit der Menschheit überzeugt und vertrat diese Ansicht mit Leidenschaft.[39] Huxley und Dobzhansky hatten sich die Strategie zu eigen gemacht, die moderne Evolutionsbiologie als Mittel zur Bekämpfung des Rassismus zu benutzen.[40] Nach Ernst Mayr war *„das typologische Rassenkonzept der Rassisten […] etwas durchaus hassenswertes (something thoroughly odious)"*[41].

Um ihre Auffassung auch den Anthropologen bekanntzumachen, luden Dobzhansky und sein Kollege Sherwood L. Washburn diese noch im Jahr 1947 zu einem Symposium für Quantitative Biologie ins Cold-Spring-Harbor-Laboratorium im Staat New York. Dort stellten sie das populationsgenetische Konzept vor und richteten massive Angriffe gegen die anwesenden physischen Anthropologen Hooton, Coon, Stanley Garn, Joseph Birdsell, William H. Sheldon und Carl Seltzer. Die Kritik der Genetiker richtete sich vor allem gegen den typologischen Rassenbegriff. Dabei vermischten sie von Anfang an wissenschaftliche und politisch-

39 SHIPMAN: Evolution des Rassismus, S. 249.

40 Ebd., S. 246.

41 ERNST MAYR: Animal Species and Evolution, Cambridge 1963, S. 646; zit. n. ARND WASSERLOOS: Wessen Gene, wessen Ethik? Die genetische Diversität des Menschen als Herausforderung für Bioethik und Humanwissenschaften, Berlin 2005, S. 9 (Übersetzung von Wasserloos).

ideologische Argumente. Die Typen der Rassentypologie seien platonisch-idealistische Konstrukte, eine Projektion des menschlichen Denkens, die in der Wirklichkeit nicht existierten. Rassen seien nichts Statisches, sondern veränderten sich ständig – „*Race is a process*", meinte Dobzhansky. Die Erforschung des sichtbaren Phänotyps sei Zeitverschwendung und eine verdeckte Form des Rassismus und Faschismus.[42] Für Washburn war typologisches Denken das Gleiche wie Rassismus, und er attackierte beides mit dem gleichen, fast religiösen Eifer.[43] Montagu wiederholte seinen Vorschlag, den Begriff Rasse durch „ethnische Gruppe" zu ersetzen.[44]

Im Grunde ging es darum, was besser sei: entweder die Unterschiede zwischen den Rassen zu untersuchen und zur Kenntnis zu nehmen oder sie zu leugnen. Für Dobzhansky, Washburn und Montagu gab es Fragen der Rassenunterschiede, die man besser unerforscht ließ, weil solche Befunde von Rassisten mißbraucht werden könnten. Manche wissenschaftlichen Untersuchungen waren ihrer Meinung nach gesellschaftlich einfach viel zu gefährlich.[45]

Die amerikanischen Anthropologen waren von beidem – dem modernen populationsgenetischen Forschungsansatz als auch der Massivität der politischen Angriffe – sehr beeindruckt. Viele Anthropologen schämten sich ihrer Unkenntnis der „Neuen Synthese" und suchten in der Folge Rat bei Dobzhansky und Mayr. Diese überzeugten sie davon, daß sie das bisherige typologische Denken unbedingt aufgeben müßten. Die neuen Schlagwörter waren Population und Variabilität. Andere Anthropologen wie Carleton Coon und Stanley Garn versuchten zwar, die modernen populationsgenetischen Modelle in ihre Konzepte einzubauen, behielten aber gleichzeitig die bisherigen morphologischen und typologischen Verfahren bei.[46]

Die meisten Genetiker verwarfen den Rassenbegriff nicht vollständig, sondern setzten wie Theodosius Dobzhansky einen neuen populationsgenetischen Rassenbegriff an die Stelle des alten typologischen. Eine Rasse ist demnach eine Population, die sich in der Häufigkeit genetisch bedingter Merkmale von anderen unterscheidet. Dieser populationsgenetische Rassenbegriff setzte sich in den 1960er und 1970er Jahren auch in den europäischen Ländern durch.

---

42 SHIPMAN: Evolution des Rassismus, S. 260.
43 Ebd., S. 270.
44 Ebd., S. 257.
45 Ebd., S. 261.
46 Ebd., S. 248.

Wahrscheinlich noch wichtiger war der zeitgleich vollzogene Wechsel in der Betrachtung von den sichtbaren, auf vielen Genen beruhenden morphologischen Merkmalen hin zu den monogenen, in ihrem Verhalten mathematisch beschreibbaren serologischen Merkmalen, wie zum Beispiel den AB0-Blutgruppen. Da diese sich tatsächlich unabhängig voneinander vererben und in der Population verteilen, entsprachen sie auch viel mehr den Idealvorstellungen der Populationsgenetiker. Die entscheidende Rolle dürfte aber wohl gespielt haben, daß sie als nicht sichtbare Merkmale keinen Ansatzpunkt für „Rassismus" boten. In der Praxis allerdings verzichten selbst die populationsgenetisch ausgerichteten Genetiker nicht auf den typologischen Rassenbegriff. So würde beispielsweise keiner von ihnen die US-Bevölkerung als eine einzige biologische Population behandeln, ohne sie vorher – typologisch! – nach ihren größten Herkunftsgruppen in Afroamerikaner, Asiaten usw. zu unterteilen.

Der populationsgenetische Ansatz hatte zu einer Wiederbelebung des Darwinschen Artbegriffs geführt, nach dem es durch die fehlende Möglichkeit der Fortpflanzung eine klare Definition der Art gibt. Eine Folge davon war, daß es auch in der Zoologie Tendenzen gab, auf den Subspeziesbegriff wegen seines „willkürlichen" Charakters zu verzichten.[47] Viele Zoologen verwendeten statt dessen den unverfänglicheren Populationsbegriff. Trotzdem starb auch in der Zoologie der Begriff der Subspezies nicht aus, sondern findet sich immer wieder in Publikationen zur zoologischen Systematik. Im allgemeinen wird dabei die Subspezies mit der Rasse gleichgesetzt und nur manchmal als Klassifikation auf einem taxonomisch höheren Niveau, also zwischen Art und Rasse (Varies), angesehen.

Von den drei diesem Buch vorangestellten Rassendefinitionen ist die erste von Egon von Eickstedt typologisch und sind die beiden von Ernst Mayr und Curt Stern populationsgenetisch ausgerichtet.

---

47 E. O. WILSON u. W. L. BROWN: „The Subspecies Concept and Its Taxonomic Application"; in: Systematic Biology 2, 1953, S. 97–111; SHOMARKA O. Y. KEITA: „The Subspecies Concept in Zoology and Anthropology. A Brief Historical Review and Test of a Classification Scheme"; in: Journal of Black Studies 23, 1993, S. 416–445.

Popanz Typologie

Vergleicht man die Aussagen der Populationsgenetiker über die angeblichen Eigenschaften des typologischen Rassenbegriffs mit diesem, wie er tatsächlich von den Vertretern des typologischen Rassenbegriffs selbst verwendet wird, so fallen einem große Widersprüche auf.

Die Populationsgenetiker unterstellten der traditionellen Rassentypologie, daß sie Typen als *„scharf voneinander abgegrenzte, unveränderliche"* Einheiten auffasse, in der die Individuen *„alle gleich"* (Ernst Mayr) seien.[48] Betrachtet man jedoch einmal den Rassenbegriff der typologisch arbeitenden Anthropologen, kann von einer solchen Typenauffassung keine Rede sein. Egon von Eickstedt (1892–1965) zum Beispiel, den man getrost den Altmeister der Rassentypologie in der deutschen Anthropologie nennen kann, schrieb 1935:

„Rassen sind Individuengruppen mit Merkmalshäufungen, die in geographischer und individueller Hinsicht variieren und fluktuierende Übergänge zeigen. Die Häufung eigener, d.h. erblicher Merkmale ist das Entscheidende […]."[49] Und er ergänzte 1937: *„Rassenkonstanz […] gibt es nicht und hat es nie gegeben. Es gibt nur ein kurzfristiges scheinbares Stagnieren der Entwicklung."*[50]

Es kann also keine Rede davon sein, daß Rassentypen als voneinander scharf abgegrenzte, homogene und unveränderliche Einheiten aufgefaßt wurden. Man fragt sich nur: War es Unkenntnis, die Ernst Mayr und andere zu solchen Aussagen verführte, oder böswillige Absicht?

Auch Anthropologen mit ausgeprägt antitypologischer Rhetorik, wie Loring Brace und William Howells, verfahren typologisch, wenn sie die charakteristischen Eigenschaften von Populationen oder Clustern von

---

48 ERNST MAYR: Konzepte der Biologie, Stuttgart 2005, S.46.

49 EGON VON EICKSTEDT: „Rezension von N. Kossovitch: Contribution à l'étude anthropométrique et sérologique des Arméniens; in: Revue d'Anthropologie XLIV (1934), S. 297–334"; in: Zeitschrift für Rassenkunde 2, 1935, S. 329.

50 EGON VON EICKSTEDT: Rassenkunde und Rassengeschichte der Menschheit, Stuttgart 1934, S. 121.

Populationen beschreiben.[51] Das ist auch gar nicht anders möglich, und daran ist nichts zu beanstanden.

Meiner (A.V.) Meinung nach liegt die biologische Wirklichkeit der Rasse in der Mitte zwischen dem typologischen und dem populationsgenetischen Rassenbegriff. Ersterer ist zu eng, letzterer zu weit gefaßt. Es gibt in jeder Rasse eine Variationsbreite der Merkmale, die über das eigentlich Typische hinausgeht und nichts mit rassefremden Einschlägen zu tun hat, die bei einem streng typologischen Ansatz aber ausgegrenzt wird. Andererseits gibt es in den meisten Populationen auch tatsächliche rassefremde Einschläge, die von dem populationsgenetischen Rassenbegriff dennoch miteingeschlossen werden. Es gibt zum Beispiel in Schweden überall einen gewissen Prozentsatz von Braunäugigen und Dunkelhaarigen, und wahrscheinlich hat der evolutionäre Prozeß der Depigmentation nie zu einer völligen Depigmentierung der autochthonen Bevölkerung geführt. Demgegenüber gibt es aber auch lokale oder regionale Häufungen der dunkleren Farben und anderer Merkmale, die sich historisch auf die Einwanderung etwa von deutschen oder wallonischen Bergleuten oder die Vermischung mit Zigeunern oder Lappen zurückführen lassen.[52]

---

51 SHELLEY L. SMITH: „Single (sub)species then and now: An examination of the nonracial perspective of C. Loring Brace“; in: American Journal of Physical Anthropology 165, 2018, S. 104–125, hier S. 112.

52 Vgl. BERTIL LUNDMANN: „Anthropologische Beobachtungen an fremdstämmigen Bevölkerungsgruppen in Schweden“; in: Homo 18, 1967, S. 73–77.

Der Sieg der Rassenleugner

Daß die meisten Anthropologen an einem populationsgenetischen Rassenbegriff festhielten, änderte nichts an der zunehmenden Tabuisierung des Rassenbegriffs. Als 1962 Carleton Coons Buch „The Origin of Races“ erschien, nahmen Dobzhansky und Washburn dies zum Anlaß, einen Skandal zu entfachen.[53] In Wirklichkeit verfolgte Coon in seinem Buch sogar einen sehr modernen Ansatz, indem er nicht die Gliederung und Beschreibung der Rassen in den Vordergrund stellte, sondern die Evolutionsprozesse, die zur Bildung der verschiedenen Rassenmerkmale führten. Außerdem war er den Weg größtmöglicher Vorsicht gegangen, hatte nur noch die Großrassen und nicht mehr ihre Untertypen berücksichtigt und psychologische Merkmale ganz außer Betracht gelassen. In der Nachfolge des Anthropologen Franz Weidenreich vertrat Coon die Auffassung, daß der *Homo sapiens* an verschiedenen Orten zugleich entstanden sei (die später sogenannte multiregionale Hypothese von Milford Wolpoff). Ein Kriterium dafür, wann das Sapiensniveau erreicht worden sei, war für ihn das Schädelvolumen als Maß für die Gehirngröße. In seinem Buch beschrieb er – nach den damaligen Funden korrekt –, daß jene Fossilien, die zu den Negriden führten, die Schädelkapazität des modernen Menschen erst spät erreichten, ohne daraus weitergehende Schlüsse zu ziehen oder mit dieser sachlichen Feststellung Wertungen zu verbinden.

Diese Aussage in Coons Buch rief einen ungeahnten Proteststurm hervor. Dobzhansky warf Coon vor, er habe *„Wasser auf die Mühlen des Rassismus gegossen“*[54]. Und Washburn überschüttete Coon in seiner Eröffnungsrede bei der Jahrestagung der Amerikanischen Anthropologischen Vereinigung mit einem Schwall von Anschuldigungen und Beschimpfungen. Er nannte Coons Arbeiten typologisch und altmodisch, zog dessen Theorien über den Anpassungswert bestimmter äußerer Merkmale ins Lächerliche, nannte Coons Arbeitsweise *„19. Jahrhundert“* und Coon selbst einen *„anatomischen Analphabeten“*.[55]

53 SHIPMAN: Evolution des Rassismus, S. 276 ff.
54 Ebd., S. 285.
55 Ebd., S. 289 f.

Zeitungsartikel und Rezensionen verbreiteten Dobzhanskys und Washburns Kritik. Die jüdische Lobbyorganisation „Anti-Defamation League" machte sich diese ebenfalls zu eigen und setzte Lehrkräfte unter Druck, Coons Buch nicht in der Lehre zu verwenden. Coon war von nun an diskreditiert, und kein Kollege, der Wert auf seine Karriere legte, wagte es noch, sich auf ihn zu berufen. Pat Shipman spricht von Coons „*beruflicher Vernichtung*"[56]. Von nun an mußte jeder Anthropologe, der sich an das Thema der Rassen heranwagte, mit einer ähnlichen Demütigung durch die Mächtigen in der amerikanischen Anthropologie rechnen.[57] Spätestens jetzt war „Rasse" in dieser ein Tabuthema.

56 Ebd., S. 248.
57 Ebd., S. 291.

Richard Lewontin

Im selben Jahr veröffentlichte der amerikanische Anthropologe Frank B. Livingstone in der Fachzeitschrift „Current Anthropology" einen programmatischen Aufsatz mit dem Titel „On the Non-Existence of Human Races". Darin behauptete er: *„There are no races, there are only clines."* Clines, zu deutsch Kline, sind kontinuierliche Häufigkeitsgefälle in der geographischen Verteilung eines Merkmals. Livingston unterstellte, daß Rassen *„discrete units"*, also voneinander klar abgegrenzte Einheiten seien; da aber die meisten Merkmale keine abrupten Begrenzungen, sondern eine kontinuierliche Verteilung aufwiesen, gebe es eben keine Rassen.[58] Obwohl Dobzhansky ihm widersprach und am populationsgenetischen Rassenbegriff festhielt, wurde der Aufsatz von Livingstone zu einer Art Gründungsdokument der Rassengegner, auf das diese sich bis heute berufen.

In den 1960er Jahren trat erstmals eine neue Generation von Rassengegnern in Erscheinung. Führend waren in ihr der Biologe Richard Lewontin (geb. 1929), der Paläoanthropologe Stephen Jay Gould (1941–2002), der Psychologe Leon J. Kamin (1927–2017) und der britische Biologe Steven P. Rose (geb. 1938). Sie waren jüdischer Herkunft und bekannten sich zumindest zeitweise zum Marxismus. Lewontin und Gould gründeten die Gruppe „Science for the People", der zunächst auch Nichtakademiker angehörten und die sich gegen den vermeintlichen Mißbrauch der Wissenschaft durch „biologistische" Positionen wandte. In ihrem gemeinsamen Buch „Not in Our Genes" (dt. Titel: „Die Gene sind es nicht") erklärten Lewontin, Rose und Kamin: *„Gemeinsam fühlen wir uns verpflichtet, eine sozial gerechtere – eine sozialistische – Gesellschaft zu schaffen"*[59]. Lewontin und Richard Levins widmeten ihr Buch „The Dialectical Biologist" Friedrich Engels und schrieben dort: *„[A]ls werktätige Wissenschaftler auf den Feldern der Evolutionsgenetik und Ökologie haben wir*

58 FRANK B. LIVINGSTONE: „On the Non-Existence of Human Races"; in: Current Anthropology 3, 1962, S. 279 ff.

59 RICHARD C. LEWONTIN, STEVEN ROSE u. LEON J. KAMIN: Die Gene sind es nicht ... Biologie, Ideologie und menschliche Natur, München u. Weinheim 1987, S. V.

mit einem gewissen Erfolg versucht, unsere Forschung an einer bewußten Anwendung der marxistischen Philosophie auszurichten."[60]

Die Gruppe erlangte seit den 1970er Jahren großen Einfluß, weil ihre Stellungnahmen regelmäßig von den Journalisten der großen linksliberalen Blätter aufgegriffen und verbreitet wurden. Wie Steven Pinker schreibt, war eine höhnische Kritik von Rose zu jedem neuen Buch über menschliche Evolution oder Genetik fester Bestandteil des britischen Journalismus.[61] Vor allem viele Sozial- und Geisteswissenschaftler bezogen praktisch ihr ganzes humanbiologisches Wissen von den Mitgliedern dieser Gruppe.

1972 veröffentlichte Richard Lewontin einen Aufsatz mit dem Titel „The Apportionment of Human Diversity", in dem er aufgrund der weltweiten Verteilung von 17 serologischen Systemen den Anteil, den die Unterschiede zwischen den verschiedenen Rassen des Menschen an der Gesamtvariabilität der Merkmale beitragen, berechnete.[62] Er verwendete dabei eine von ihm zusammen mit dem Genetiker John Lee („Jack") Hubby entwickelte Methode, die zunächst für jedes Merkmal die Heterozygotie – die Wahrscheinlichkeit, daß ein Polymorphismus bei zwei verschiedenen Individuen einer Art verschiedene Allele aufweist – berechnete. Dann wurde die Heterozygotie der Subpopulation oder -spezies in Beziehung zu jener der Gesamtpopulation gesetzt und dieser Wert für alle Merkmale gemittelt.[63]

Lewontin kam zu dem Ergebnis, daß der mit 85,4 Prozent größte Anteil der Variation innerhalb der Populationen bestehe und zwischen den Populationen und Rassen nur 14,6 Prozent betrage. Die Variabilität zwischen den sieben kontinentalen Großrassen betrage sogar nur 6,3 Prozent. Daraus schloß er, daß der Rassenbegriff ohne *„genetic or taxonomic*

---

60 RICHARD LEVINS u. RICHARD LEWONTIN: The Dialectical Biologist, Cambridge 1985, S. 165; zit. n. STEVEN PINKER: Das unbeschriebene Blatt, Berlin 2003, S. 183.

61 PINKER: Das unbeschriebene Blatt, S. 193.

62 Vgl. RICHARD C. LEWONTIN: „The Apportionment of Human Diversity"; in: Evolutionary Biology 6 (1972), S. 381–398. Die Rasseneinteilung von Lewontin beinhaltete Europide, Negride, Mongolide, Südasiaten, Indianide, Ozeanier und Australide. Besonders die Zusammenfassung von Indiden und Negritiden (Negritos) zu den Südasiaten und von Polynesiden und Melanesiden zu den Ozeaniern ist sehr fragwürdig.

63 Vgl. zur Berechnungsweise JOHN LEE HUBBY u. RICHARD C. LEWONTIN: „A Molecular Approach to the Study of Genic Heterozygosity in Natural Populations. The Number of Alleles at Different Loci in Drosophila pseudoobscura"; in: Genetics 54, 1966, S. 577–594.

significance“ sei.[64] Lewontins Aufsatz beinhaltete keinen Vergleich mit anderen Arten. Er ging einfach davon aus, daß ein Wert von 6,3 Prozent viel zu niedrig sei, um von Rassen sprechen zu können. Das von Lewontin vorgebrachte „Variabilitätsargument“ wurde zum methodischen Grundstein des Rassen-gibt-es-nicht-Dogmas. Die rassische Variabilität erschien nun als nur minimal im Vergleich zur Gesamtvariabilität einer Art, und viele Anthropologen akzeptierten dies als den sachlichen Beweis dafür, daß es tatsächlich keine menschlichen Rassen gebe. Die Rassen und der *„genetische Determinismus“*, so Lewontin, seien vielmehr das Ergebnis *„bürgerlicher Ideologie“*[65].

An dieser Stelle muß erläutert werden, daß es in der Biologie seit langem eine Regel gab (und heute noch gibt), ab welchem Grad der Unterschiedlichkeit zweier Populationen man von Subspezies oder Rassen sprechen kann. Das ist die sogenannte 75-Prozent-Regel. Wenn man mehr als 75 Prozent der Individuen einer Population dieser richtig zuordnen kann, handelt es sich um eine Subspezies. Der genaue Ursprung dieser Konvention, die schon lange vor dem Zweiten Weltkrieg in Geltung war, ist unbekannt; man vermutet jedoch, daß sie auf den britischen Ornithologen Admiral Hubert Lynes (1874–1942) zurückzuführen ist.[66] Ernst Mayr führte sie 1942 in seinem Buch „Systematics and the Origin of Species from the Viewpoint of a Zoologist“ an.[67]

Die 75-Prozent-Regel wird vom Menschen mit Leichtigkeit erfüllt. Die statistische Methode, mit der auf sie geprüft wird, ist die Diskriminanzanalyse, bei der die einzelnen Individuen aufgrund ihrer Merkmalskombination mit unterschiedlicher Wahrscheinlichkeit den verschiedenen Gruppen zugeordnet werden.

Es zeigte sich, daß die Zuordnungswahrscheinlichkeiten beim Menschen durchweg hoch sind. So lassen sich die Individuen von weltweit 17 Populationen aus verschiedenen Erdteilen aufgrund von morphologischen Merkmalen (Schädelmaßen) zu 92 Prozent richtig zuordnen.[68] Beim Vergleich von weltweit 27 Populationen aufgrund von nur sieben metri-

---

64 LEWONTIN: „The Apportionment of Human Diversity“.

65 LEWONTIN, ROSE u. KAMIN: Die Gene sind es nicht, S. 29.

66 DEAN AMADON: „The Seventy-Five Per Cent Rule for Subspecies“; in: The Condor 51, 1949, S. 250–258.

67 ILSE SCHWIDETZKY: Grundlagen der Rassensystematik, Mannheim, Wien u. Zürich 1974.

68 WILLIAM W. HOWELLS: Cranial Variation in Man. A Study by Multivariate Analysis of Patterns of Difference Among Recent Human Populations, Cambridge 1973.

schen Merkmalen von Kopf und Gesicht fanden Virendra Chopra und Ilse Schwidetzky unter 356 Gruppentrennwerten 212 mit über 95 Prozent richtig zugeordneten Individuen. Die niedrigeren Werte gab es nur bei benachbarten Populationen auf demselben Kontinent.[69] Und Friedrich Keiter konnte aufgrund von 30 physiognomischen Merkmalen Deutsche und (europide) Nordafrikaner zu 100 Prozent voneinander trennen, obwohl alle Merkmale in beiden Gruppen vorkommen.[70] Auch die DNS-Polymorphismen bilden keine Ausnahme: Die Individuen von vier nur teilweise ethnisch verschiedenen Gruppen am Ural lassen sich mit den Polymorphismen nur eines Chromosoms zu 96,4 % richtig klassifizieren.[71] Bei fünf Bevölkerungen am westlichen Mittelmeer beträgt die Identifizierbarkeit anhand von fünf Polymorphismen sogar 99,9997 Prozent.[72]

Das 75-Prozent-Kriterium der Zoologie erfüllen somit oft schon menschliche Bevölkerungen, die nie jemand als Rassen bezeichnet hat. Die genetische Zugehörigkeit stimmt dabei sehr genau mit der ethnischen überein. So fand man bei einer Untersuchung anhand von 326 DNS-Polymorphismen unter 3636 Personen in den USA, daß die ethnische Selbstzuordnung (Weiße, Schwarze, Ostasiaten und Latinos) bei 99,86 % der Personen mit den empirisch ermittelten genetischen Clustern übereinstimmte. Das ist umso bemerkenswerter, als die Latinos ja Mestizen (Mischlinge) aus mittelamerikanischen Indios und mediterranen Europiden sind. Nebenbei wird damit auch die Behauptung vieler Sozialwissenschaftler widerlegt, die „soziologische“ Rasse habe mit der biologischen nichts zu tun.[73]

---

69 VIRENDRA P. CHOPRA u. ILSE SCHWIDETZKY: „Quantitative Rassen-Systematik“; in: Homo 21, 1970, S. 40–46; SCHWIDETZKY: Grundlagen der Rassensystematik, S. 161.

70 FRIEDRICH KEITER: „Deutsche und Berber. Die Gesichtszüge mitteleuropäischer und nordafrikanischer Bevölkerungen“; in: Zeitschrift für Morphologie und Anthropologie 33, 1935, S. 474–490.

71 A. P. RYSKOV, M. I. PROSNYAK et al.: „DNA Fingerprinting: Development of a Technology and Its Application to the Study of Human Populations“; in: A. J. BOYCE u. C. G. N. MASCIE-TAYLOR (Hg): Molecular Biology and Human Diversity, Cambridge 1996, S. 29–50.

72 C. TOMÀS, A. PICORNELL, J. A. CASTRO u. M. RAMON: „Genetic Analyses in Five Mediterranean Populations: Variation at Five Tetrameric Short Tandem Repeat Loci“; in: Human Biology 73, 2001, S. 349–363.

73 H. TANG, T. QUERTERMOUS, B. RODRIGUEZ et al.: „Genetic Structure, Self-Identified Race/Ethnicity, and Confounding in Case-Control Association Studies“; in: American Journal of Human Genetics 76, 2005, S. 268–275.

Alan R. Templeton

Was bei Lewontin noch gefehlt hatte, waren eine allgemein anerkannte Methode und der Vergleich des Menschen mit anderen Arten. Beides lieferte 1999 der an der Washington-Universität in St. Louis (Missouri) und an der Universität in Haifa (Israel) lehrende Genetiker Alan R. Templeton in seinem Aufsatz „Human Races: A Genetic and Evolutionary Perspective" nach.[74]

Die von Templeton angewandte Methode ist der von dem amerikanischen Biologen und Genetiker Sewall Wright (1889–1988), einem der Begründer der statistischen Populationsgenetik, entwickelte Fixationsindex (kurz FST-Index). Beim FST-Index wird die Wahrscheinlichkeit, daß zwei verschiedene Individuen einer Subpopulation (Rasse, Subspezies) verschiedene Allele aufweisen, von der Wahrscheinlichkeit, daß zwei verschiedene Individuen der Art verschiedene Allele aufweisen, abgezogen und dann das Ergebnis durch die Wahrscheinlichkeit, daß zwei verschiedene Individuen der Art verschiedene Allele aufweisen, geteilt. Wie in dem schon von Lewontin verwendeten Verfahren wird dies für alle einzelnen Polymorphismen durchgeführt und dann der Mittelwert aller berücksichtigten Polymorphismen gebildet. Der FST-Index zeigt uns also, um wieviel die Wahrscheinlich, daß zwei verschiedene Individuen einer Gruppe verschiedene Allele aufweisen, dadurch steigt, daß man die ganze Art statt der Subpopulation als Berechnungsgrundlage nimmt. Berücksichtigt man mehrere Subpopulationen einer Art, wird der FST-Index aus diesen gemittelt. Templeton bezeichnet in seinem Aufsatz den FST-Index als das in der Biologie übliche Standardverfahren zur Bestimmung von Subspezies, wobei er sich auf den Aufsatz „Subspecies and Classification" von H.M. Smith, D. Chiszar und R. Montanucci in der „Herpetological Review" von 1997 beruft. Schaut man dort aber nach, so nehmen die Autoren nur auf die alte 75-Prozent-Regel Bezug; vom FST-Index ist überhaupt nicht

74 ALAN R. TEMPLETON: „Human Races: A Genetic and Evolutionary Perspective"; in: American Anthropologist 100, 1999, S. 632–650.

die Rede.[75] Entdecker dieser Unstimmigkeit ist der amerikanische Blogger Ryan Faulk.[76]

Templeton vergleicht in seiner Studie den von Guido Barabujani und seinen Mitarbeitern für den Menschen berechneten FST-Wert von 15,6 Prozent Variabilität zwischen Populationen und Rassen[77] mit den entsprechenden Werten für zwölf verschiedene Tierarten. In seiner eindrucksvollen Grafik steht der Mensch an drittletzter Stelle. Zehn der Tierarten weisen höhere FST-Werte als der Mensch auf, von der Impala-Antilope bis hin zum Grauen Wolf mit etwa 86 Prozent.

Gleichzeitig bezieht Templeton sich auf eine vermeintlich bestehende 25-Prozent-Grenze des FST-Wertes, ab der man von Subspezies oder Rassen sprechen könne. In Wirklichkeit gab es diese Grenze bis dahin nicht; Templeton hat sie aus der bekannten, auf ganz anderen statistischen Grundlagen beruhenden 75-Prozent-Regel abgeleitet. Sein Ergebnis ist eindeutig: Der Mensch liegt mit 15,6 Prozent deutlich unterhalb dieser Grenze, die meisten Säugetierarten liegen deutlich darüber. Fazit: Es gibt keine Rassen beim Menschen.

Macht man sich die Mühe, die von Templeton zitierten Studien über die verschiedenen Tierarten einmal anzuschauen, ergibt sich jedoch ein merkwürdiger Befund: Während die von Templeton für den Menschen herangezogene Arbeit von Barbujani auf autosomalen DNS-Polymorphismen – also den auf „normalen" Chromosomen liegenden – beruht, ist der FST-Wert für sämtliche Tierarten auf der Grundlage mitochondrialer DNS berechnet worden. Einzig jener des Dickhornschafs, der nur geringfügig über dem des Menschen liegt, beruht ebenfalls auf autosomalen Polymorphismen.

Nun sind auf der Grundlage von mitochondrialer DNS berechnete FST-Werte aller Erfahrung nach erheblich höher als die aus autosomaler DNS. Das hat seine Ursache darin, daß die nicht in den Chromosomen, sondern in den Mitochondrien der Zellen enthaltene mtDNS nur von der Mutter vererbt wird und daher nicht der sexuellen Rekombination unterliegt. Aus diesem Grund beträgt die effektive Populationsgröße – das heißt der Teil

75 H. M. SMITH, D. CHISZAR u. R. R. MONTANUCCI: „Subspecies and Classification"; in: Herpetological Review 28, 1997, S. 13–16.

76 RYAN FAULK: „Variation Within and Between Races", thealternativehypothesis.org vom 15. April 2016.

77 GUIDO BARBUJANI, ARIANNA MAGAGNI, ERIC MINCH u. L. LUCA CAVALLI-SFORZA: „An apportionment of human DNA diversity"; in: Proceedings of the National Academy of the USA 94, 1997, S. 4516–4519.

der Population, dessen Gene vererbt werden können – bei der mitochondrialen DNS nur ein Viertel von jener der autosomalen DNS.[78] Deswegen unterliegt die mtDNS in sehr viel stärkerem Maße der Gendrift, wie zum Beispiel Flaschenhals- oder Gründereffekten, als die autosomale DNS. Das ist auch der Grund, weshalb der FST-Wert für die mtDNS-Polymorphismen beim Menschen bei einem Wert von bis zu 46 Prozent liegt[79], also über der (tatsächlich erst von Templeton eingeführten) 25-Prozent-Grenze. Neuere, auf der Grundlage von autosomaler DNS berechnete FST-Werte für Säugetierarten, darunter auch für den Grauen Wolf, liegen dagegen deutlich niedriger als die in Templetons Aufsatz angeführten, nämlich in der Regel zwischen fünf und 20 Prozent[80]. Merkwürdigerweise scheint vor mir selbst bis heute noch niemandem aufgefallen zu sein, daß Templeton in seiner Arbeit menschliche autosomale FST-Werte mit den mitochondrialen von Tieren vergleicht.

Die Verwendung des FST-Index zur quantitativen Bestimmung von Subspezies oder Rassen lag übrigens durchaus nicht in der Absicht seines Erfinders Sewall Wright, der in seinen Büchern vielmehr auch weiterhin davon ausging, daß es Rassen beim Menschen gibt.[81]

Tatsächlich wird die von Templeton aufgerichtete 25-Prozent-Grenze des FST-Index auch vom Menschen oft überschritten. Luigi Luca Cavalli-Sforza und seine Mitarbeiter fanden aufgrund von serologischen Merkmalen beim Vergleich von afrikanischen Mbuti-Pygmäen und neuguineischen Papua einen Wert von 45,7 Prozent, von Mbuti und nordamerikanischen Na-Dene-Indianern einen von 39,5 Prozent, von Mbuti und südamerikanischen Indianern einen von 38,2 Prozent und beim Vergleich von afrikanischen Bantu und südostasiatischen Thai einen von 33,6 Prozent.[82] Bei weiter voneinander entfernten Populationen liegen also die FST-Werte

78 L. B. JORDE, W. S. WATKINS et al.: „The Distribution of Human Genetic Diversity: A Comparison of Mitochondrial, Autosomal, and Y-Chromosome Data"; in: American Journal of Human Genetics 66, 2000, S. 979–988.

79 D. A. MERRIWETHER et al.: „The structure of human mitochondrial DNA variation"; in: Journal of Molecular Evolution 6 (33) 1991, S. 543–555.

80 Vgl. en.wikipedia.org/wiki/Fixation_index (10. Januar 2019). Vgl. auch exemplarisch BRIDGETT M. VONHOLDT et al.: „Whole-genome sequence analysis shows that two endemic species of North American wolf are admixtures of the coyote and gray wolf"; in: Science Advances 7 (2) 2016, e1501714.

81 SEWALL WRIGHT: Evolution and the Genetics of Populations, 4. Aufl., Chicago 1984.

82 L. LUCA CAVALLI-SFORZA, PAOLO MENOZZI u. ALBERTO PIAZZA: The History and Geography of Human Genes, gek. Taschenbuchausg., Princeton 1996.

oft deutlich über der 25-Prozent-Grenze, ab welcher man nach Templeton von Subspezies oder Rassen sprechen kann.

Spätestens mit Templetons Aufsatz stand für das wissenschaftliche Establishment Amerikas fest, daß es beim Menschen keine Rassen gebe. Die Ergebnisse Lewontins und Templetons gehören bis heute zum Kanon des wissenschaftlichen und politischen Mainstreams und werden immer dann ins Feld geführt, wenn es darum geht, Rassenunterschiede zu bagatellisieren oder die Existenz von Rassen beim Menschen ganz zu bestreiten. Das führende britische Wissenschaftsmagazin „Nature" beispielsweise schreibt: *„This means that two random individuals from any group are almost as different as any two random individuals from the entire world"*[83]. Und im „New Scientist" heißt es, dies bedeute, *„two individuals are different because they are individuals, not because they belong to different races"* und *„you can't predict someone's race by their genes"*[84].

---

83 HUMAN GENOME PROJECT: „The Human Genome"; in: Nature 409, 2001, S. 812.

84 ANIL ANANTHASWAMY: „Under the skin"; in: New Scientist 174, 2002, S. 34–37.

Der Einfluß des Konstruktivismus

Die 1960er und 1970er Jahre waren in der westlichen Welt die Zeit der 68er- und der Bürgerrechtsbewegung, die versprachen, eine neue Gesellschaft zu schaffen, die frei sein würde von Vorurteilen und den Lasten der Vergangenheit. Vor allem in den USA und in Frankreich entstand auf der politischen Linken eine antikolonialistische, „antirassistische" Bewegung. Sie richtete sich gegen die Diskriminierung von farbigen Minderheiten und gegen die Restbestände des Kolonialismus. In den Sozialwissenschaften bildete sich seit den 1970er Jahren eine Rassismusforschung heraus, die nicht nur die verschiedenen Rassenkonflikte erforschte, sondern zunehmend auch auf den Rassenbegriff in der wissenschaftlichen Anthropologie zielte. Vom französischen Poststrukturalismus und Sozialkonstruktivismus übernahm der linke „Antirassimus" die Auffassung, daß es in der Kultur darum gehe, mittels Sprache Macht zu erringen. Man müsse die bisherigen Begriffe „dekonstruieren" und an ihrer Stelle neue einsetzen.[85]

Seit Walter Lippmann (1889–1974) in den 1920er Jahren gab es in den Sozialwissenschaften die Behauptung, Gruppenunterschiede zwischen den Menschen seien lediglich Stereotype, verallgemeinernde Vorstellungsbilder, die ohne Realitätsbezug und unempfindlich gegen Erfahrungen seien. Mit dem Konstruktivismus begannen Theoretiker, zu behaupten, daß nicht nur die Stereotype falsch seien, sondern daß es auch die menschlichen Gruppen nicht in der Wirklichkeit selbst, sondern nur in unserem Denken gebe. Alle Kategorien seien soziale Konstrukte und daher Täuschungen.

Dabei griffen die linken Sozialwissenschaftler und Philosophen die Wahrheit und Objektivität menschlicher Begriffe nicht in erster Linie deshalb an, weil sie an philosophischen Problemen der Ontologie und Erkenntnislehre interessiert gewesen wären, sondern weil sie glaubten, auf diese Weise könne man „Rassisten", „Sexisten" und „Homophoben"

---

85 VIOLA SCHENZ: Political Correctness. Eine Bewegung erobert Amerika, Frankfurt a.M. 1994, S. 28 f.

am besten die argumentative Grundlage nehmen.[86] „Rassist" war und ist dabei jeder, der die Existenz rassischer Unterschiede beim Menschen behauptet. 1999 schrieb der amerikanische Philosoph und Sprachwissenschaftler Richard Rorty: *„Diese Philosophen stimmen mit den Sozialkonstruktivisten darin überein, daß ‚der Homosexuelle', ‚der Neger' und ‚die Frau' am besten nicht als unvermeidliche Klassifikation menschlicher Wesen anzusehen sind, sondern als Erfindungen, die mehr geschadet als genutzt haben."*[87]

Dieser Relativismus behauptet, es gebe viele Perspektiven auf die Welt, von denen keine die allgemeingültig richtige sei. Wenn von Wahrheit und Fortschritt die Rede sei, dann handele es sich dabei um politische Herrschaftsstrategien, welche die Interessen heterosexueller weißer Männer durchsetzen sollten.[88] Bezogen auf den Rassenbegriff heißt das, wie die Freiburger Biologiehistorikerin Veronika Lipphardt schreibt: *„Es kann nämlich nicht darum gehen, eine ‚falsche', weil ‚nicht der Natur entsprechende' Kategorisierung durch eine ‚richtige', die Natur treffend abbildende, zu ersetzen. Vielmehr basieren […] sämtliche Versuche naturwissenschaftlicher Objektivierung, das heißt sämtliche Definitions- und Unterscheidungsversuche zwischen Menschengruppen, auf kulturellen Grundlagen."*[89] Das bedeutet nicht weniger als das Verbot der Erforschung jeglicher anthropologischen Gruppenunterschiede beim Menschen, weil bereits die bloße Behauptung solcher Unterschiede „rassistisch" sei.

Zur gleichen Zeit nahm der „Antirassismus" an den amerikanischen Universitäten immer mehr Züge eines antiweißen und antiwestlichen Rassismus mit einem gerüttelt Maß an Haß auf die weiße Rasse an. Träger dieser Bewegung waren weniger die Vertreter farbiger Minderheiten als vielmehr weiße Studenten der Geisteswissenschaften. Ausgehend von einer „White guilt" als untilgbarer Erbschuld am Kolonialismus und der vermeintlichen Ausbeutung der Dritten Welt, werden alle Aspekte der westlichen und europäischen Kultur einer vernichtenden Kritik unterzo-

---

86 PINKER: Das unbeschriebene Blatt, 285 f.

87 RICHARD RORTY: „Phony Science Wars"; in: The Atlantic Monthly 284, 1999, S. 120 ff., hier S. 121.

88 PINKER: Das unbeschriebene Blatt, S. 566 f.

89 VERONIKA LIPPHARDT u. KIRAN KLAUS PATEL: „Auf der Suche nach dem Europäer. Wissenschaftliche Konstruktionen des *Homo Europaeus*"; in: RÜDIGER HOHLS u. HARTMUT KAELBLE (Hg.): Geschichte der europäischen Integration bis 1989, Stuttgart 2016, S. 151–162, hier S. 155.

gen. Die Weißen hätten demnach die Rassen, denen keinerlei biologische Realität zugrundeliege, erfunden, um die Nichtweißen zu unterdrücken.

„*Die weiße Rasse*", schrieb schon 1967 die amerikanisch-jüdische New Yorker Schriftstellerin Susan Sontag (1933–2004), „*ist der Krebs der Menschheitsgeschichte*". Und der Harvard-Professor Noel Ignatiev (1940–2019), Sohn jüdischer Emigranten, schrieb: „*Verrat am Weißsein ist Loyalität zur Menschheit*".[90] Der westlichen Kultur wird vorgeworfen, „rassistisch", „sexistisch" und unterdrückerisch zu sein, während die nichtwestlichen Kulturen idealisiert werden: „*Hey, hey, ho ho, Western culture's got to go!*" skandierten 1987 Studenten der Elite-Universität Stanford in Kalifornien.

Die „antirassistische" Subkultur an den amerikanischen und westeuropäischen Universitäten zeichnet sich durch zunehmende Unduldsamkeit und Intoleranz aus. Wer ein „Rassist" ist, hat nicht etwa eine andere, grundsätzlich tolerierbare Meinung, sondern ist ein Menschheitsfeind, gegen den alle Mittel erlaubt sind. Hellsichtig prophezeite der jüdisch-französische Intellektuelle Alain Finkielkraut (geb. 1949): „*Der Antirassismus wird für das 21. Jahrhundert das werden, was der Kommunismus im 20. war: eine Quelle der Gewalt*"[91].

---

90 NOEL IGNATIEV: „‚Treason to Whiteness Is Loyalty to Humanity'. An Interview with Noel Ignatiev of *Race Traitor* Magazine"; in: RICHARD DELGADO u. JEAN STEFANCIC (Hg.): Critical White Studies. Looking Behind the Mirror, Philadelphia 1997, S. 607–612.

91 ALAIN FINKIELKRAUT: Interview in der Wochenendbeilage der israelischen Tageszeitung „Haaretz" am 18. November 2005, S. 26–32 (Übersetzung von Edna Brocke aus dem Hebräischen; vgl. compass-infodienst.de/Alain-Finkielkraut-Was-fuer-eine-Art-Franzosen-sind-sie-Interview.3672.0.html).

Die Verdrängung des Rassenbegriffs aus der Lehre

Die Lehrbücher für das Studium der Anthropologie in den USA spiegeln den Wandel in der Auffassung von „Rasse" wider. Während vor 1969 nur eines von 20 Lehrbüchern den Rassenbegriff verwarf, waren es in den 1970er Jahren bereits zehn von 15. Der Trend setzte sich fort, und in den 1990er Jahren war unter zehn Lehrbüchern nur noch eines, das den Rassenbegriff benutzte.[92] Die Lehrbücher, die in der Regel von pädagogisch besonders ambitionierten Wissenschaftlern verfaßt werden und auch die Vorstellungen der Schulbehörden und Verlage wiedergeben, eilten damit dem Meinungswandel unter den Fachanthropologen voraus. 1988 ergab eine Umfrage unter amerikanischen Anthropologen, daß 50 Prozent der physischen Anthropologen den Rassenbegriff beibehalten wollten und ihn 42 Prozent von ihnen verwarfen. Unter den Kulturanthropologen verwarf ihn dagegen eine Mehrheit von 52 Prozent, während nur 31 Prozent von diesen an ihm festhielten.[93] In einer Umfrage im Jahr 1999 waren es dann bereits 69 Prozent der physischen Anthropologen, die den Rassenbegriff verwarfen.

Allerdings betrug die Rücksenderate der Fragebögen bei diesen Umfragen nur etwa 50 Prozent, und man kann vermuten, daß so mancher Anhänger des Rassenbegriffs es vorzog, den Fragebogen nicht zu beantworteten. Das Meinungsklima an den amerikanischen und zunehmend auch an den westeuropäischen Universitäten ist derart, daß Anthropologen, die den Rassenbegriff verwenden, mit studentischen Kampagnen gegen sich rechnen müssen. Der amerikanische Anthropologe und Genetiker Henry Harpending (1944–2016) sagt dazu: *„a poll* [eine Umfrage] *about views*

---

92 LEONARD LIEBERMAN, KATARZYNA A. KASZYCKA, ANTONIO J. MARTINEZ FUENTES et al.: „The Race Concept in Six Regions: Variation Without Consensus"; in: Collegium Anthropologicum 28, 2004, S. 907–921, hier S. 908.

93 RYAN A. BROWN, GEORGE J. ARMELAGOS: „Apportionment of Racial Diversity: A Review"; in: Evolutionary Anthropology 10, 2001, S. 34–40, hier S. 34.

of race would be like a poll about Marxism in East Germany in 1980. Everyone would lie."[94]

In der Bundesrepublik führte zum Beispiel 1996 das Erscheinen der zweiten Auflage des Buchs „Vergleichende Biologie des Menschen" – bis heute das beste Lehrbuch der Anthropologie – des Hamburger Anthropologen Rainer Knußmann zu einer solchen Kampagne einer studentischen linksradikalen „AG gegen Rassenkunde", die vom ARD-Fernsehmagazin „Monitor" unkritisch aufgegriffen wurde.[95] Der Hamburger Wissenschaftssenator beauftragte daraufhin einige linke Hamburger Sozialwissenschaftler mit einem Gutachten zu Knußmanns Buch. Die Hamburger Soziologin Heidrun Kaupen-Haas und der Kriminologe Fritz Sack kamen zu dem Schluß, das Buch *„strotz[e] nur so von rassistischen Vorurteilen"*, und es werde *„der Boden bereitet, aus dem der Rassismus sprießt"*[96]. Wenig später wurde das Hamburger Institut für Anthropologie, das neben dem Mainzer Institut das größte seiner Art in Deutschland war, geschlossen.

Während die Tabuisierung des Rassenbegriffs sich zunehmend auch in Europa und Lateinamerika durchsetzt, halten dagegen in Rußland und China die meisten Anthropologen an ihm fest.[97]

---

94 HENRY HARPENDING: „Review of Jon Entine: Taboo: Why Black Athletes Dominate Sports and Why We're Afraid to Talk About It"; in: Population and Environment 22, 2000, S. 83–86, hier S. 85.

95 RAINER KNUSSMANN: Vergleichende Biologie des Menschen. Lehrbuch der Anthropologie und Humangenetik, 2., völlig neu bearb. Aufl., Stuttgart et al. 1996.

96 RENATE NIMTZ-KÖSTER: „‚Alte Lehre zementiert'"; in: Der Spiegel 20/1997, S. 218 ff., hier S. 218 u. 219.

97 LIEBERMAN, KASZYCKA, FUENTES et al.: „Race Concept".

Der neue Rassenrealismus: Einspruch der medizinischen Forschung

Seit der Jahrtausendwende mehrt sich die Kritik an der Vorherrschaft des Dogmas, es gäbe keine Menschenrassen. Immer mehr Stimmen werden laut, die Zweifel an der Behauptung äußern, Rassen seien reine soziale Konstrukte ohne biologische Grundlage. Eine große Rolle spielt dabei das Internet. Während zuvor in den klassischen Medien die Linken verhindert hatten, daß dort andere als die bekannten, politisch korrekten Positionen Verbreitung finden konnten, fanden diese nun im Internet ein Forum. Dort entstanden Blogs, die dafür sorgten, daß wissenschaftliche Ergebnisse, die im Widerspruch zur Anti-Rassen-Rhetorik standen, mit der Zeit immer mehr Aufmerksamkeit erhielten. Hat eine neue Erkenntnis es erst einmal im Internet zu großer Bekanntheit geschafft, sehen sich oft auch die konventionellen Medien dazu genötigt, sie aufzugreifen, wenn diese nicht immer mehr Leser oder Zuschauer verlieren möchten.

Den Anfang machten die Mediziner. Im Jahr 2000 erschien in den USA ein Buch der Psychiaterin Sally Satel mit dem Titel „PC, M.D.: How Political Correctness is Corrupting Medicine“. In ihm behauptete sie: *„Die Politische Korrektheit hat jahrzehntelang Menschenleben gekostet“*. Der Hintergrund dieser Behauptung: Neue Medikamente werden in den USA üblicherweise in „rasseblinden“ Studien getestet, die in der Regel überwiegend auf weißen Probanden beruhen. Möglicherweise abweichende Reaktionen von Nichtweißen auf ein Medikament fallen so unter den Tisch. Seit langem war beispielsweise ein Medikament bekannt, das nur bei Schwarzen deutlich lebensverlängernd wirkt. Da aber eine politisch korrekte medizinische Forschung sich mit rassenspezifischen Wirkmechanismen nicht befassen wollte, war dieser Umstand 20 Jahre lang nicht thematisiert worden.

„Bei der Ausübung meiner ärztlichen Tätigkeit bin ich nicht farbenblind. Ich berücksichtige immer die Rasse meiner Patienten“, schreibt Sally Satel. *„Wenn ich einem Afroamerikaner Prozac verschreibe, fange ich bei einer niedrigeren Dosis an, […] untere anderem weil klinische Ex-*

perimente und pharmakologische Studien gezeigt haben, daß Schwarze Antidepressiva langsamer abbauen als Weiße oder Asiaten".[98]

Im folgenden Jahr 2001 erschienen im renommierten „New England Journal of Medicine" zwei Forschungsberichte, an denen Jay N. Cohn, ein Entwickler von Herzmedikamenten, beteiligt war, und in welchen die unterschiedliche Wirkung dieser Präparate auf Schwarze und Weiße verglichen wurde. Es ergab sich unter anderem, daß das in Amerika geläufige Herzmittel Enalapril Weißen besser hilft als Schwarzen.[99] Im Editorial der Zeitschrift distanzierte sich einer ihrer Herausgeber, der (weiße) Kardiologe Robert S. Schwartz, in harscher Form von dem Artikel. Er war empört darüber, daß man solche Fragen überhaupt stellte, und nannte die Erforschung von Rassenunterschieden eine „Pseudowissenschaft".[100]

Es gibt zahlreiche Beispiele für Krankheiten, die bei bestimmten Rassen oder ethnischen Gruppen deutlich häufiger vorkommen als bei anderen. Abgesehen von solchen Krankheiten, die in unterschiedlicher Lebensweise und Kultur begründet liegen, sind das auch solche, die ihre Ursachen in Unterschieden des Stoffwechsels und der Gene haben.

Wie Schwartz mit Empörung vermerkte, ergab eine Suche nach dem Stichwort „Negroid race" mit der fachspezifischen Internet-Suchmaschine „Medline" im März 2001 mehr als 13.000 Studien, darunter solche über Rassenunterschiede beim Fettstoffwechsel, bei der Nierenfunktion, bei Reaktionen auf Mittel zur Weitung der Blutgefäße, bei der geschlechtlichen Reifung, der Verstoffwechselung von Medikamenten oder bei Nervenkrankheiten.

Schwarze sterben häufiger den Herztod als ihre weißen Mitbürger, möglicherweise, weil es ihnen an körpereigenem Stickstoffmonoxid man-

---

98 SALLY SATEL: PC, M. D. How Political Correctness is Corrupting Medicine, New York 2000; zit. n. KATRIN WEIGMANN: „Schwarze Pille, weiße Pille", spektrum.de vom 24. Juli 2006.

99 DEREK V. EXNER, DANIEL L. DRIES, MICHAEL J. DOMANSKI, JAY N. COHN: „Lesser Response to Angiotensin-Converting-Enzyme Inhibitor Therapy in Black as Compared with White Patients with Left Ventricular Dysfunction"; in: New England Journal of Medicine 344, 2001, S. 1351–1357; CLYDE W. YANCY, MICHAEL B. FOWLER, WILSON S. COLUCCI, EDWARD M. GILBERT, MICHAEL R. BRISTOW, JAY N. COHN et al.: „Race and the Response to Adrenergic Blockade with Carvedilol in Patients with Chronic Heart Failure"; in: New England Journal of Medicine 344, 2001, S. 1358–1365.

100 ROBERT S. SCHWARTZ: „Racial Profiling in Medical Research"; in: New England Journal of Medicine 344, 2001, S. 1392 f.

gelt.[101] Forscher fanden signifikante Unterschiede bei Genen, die die Reaktion des sympathischen Nervensystems auf Hormone wie Adrenalin beeinflussen. Eine bestimmte Genkombination, die bei 40 Prozent der Schwarzen vorkommt, erhöht das Risiko eines Herzschlags um das Zehnfache. Schwarze erkranken auch häufiger an Brust- und Prostatakrebs als Weiße. Eine in den USA vor allem bei Schwarzen vorkommende Krankheit ist die Sichelzellenanämie, bei der die roten Blutkörperchen verformt sind, was zu Durchblutungsstörungen und Thrombosen führen kann. Mit etwa 100.000 Kranken – fast ausschließlich Schwarze – ist sie die häufigste Erbkrankheit in den USA.[102] In der reinerbigen (homozygoten) Form ist sie eine schwere Erkrankung, die zum Tode führen kann. Da die mischerbige (heterozygote) Form der Krankheit, bei der nur ein Teil der roten Blutkörperchen betroffen ist, einen Schutz vor schweren Verlaufsformen der Malaria bietet, konnte sich die Krankheit in Malariagebieten, wie es sie in Westafrika gibt, durch positive Selektion stark ausbreiten.

Noch höher ist das Herzinfarktrisiko bei Menschen indischer Abstammung. Das Risiko ist umso höher, je westlicher deren Lebensstil ist. Inder weisen besonders hohe Werte für schädliche und besonders niedrige für „gute“ Blutfette auf. Inzwischen fand man bei ihnen eine Mutation im Apolipoprotein-C3-Gen, das den Stoffwechsel der Triglyceride reguliert. Etwa ein Drittel der Nordinder besitzt diese Mutation. Forscher versuchen mittlerweile, auch die genetischen Grundlagen der hohen Diabetesrate von Indern und amerikanischen Indianern aufzuklären.[103] 50 Prozent der über 50jährigen Pima-Indianer im Südwesten der USA leiden an Diabetes vom Typ 2. Puertoricaner sind überdurchschnittlich oft von Asthma betroffen; das gängige Medikament zur Behandlung von Asthma, Salbutamol, bleibt bei ihnen jedoch wirkungslos. Die erbliche Eisenspeicherkrankheit Hämochromatose, bei der sich zuviel Eisen im Körper anreichert, ist bei Chinesen und Indern fast unbekannt, kommt aber bei 7,5 Prozent der Schweden vor.

Die Unwirksamkeit und Unverträglichkeit von für Europäer entwickelten Medikamenten ist bei Ostasiaten eher noch größer als bei Schwarzen.

---

101 JÖRG BLECH: „Die neue Rassendebatte“; in: Der Spiegel 17/2004, S. 186–188.

102 JOHANN GROLLE: „Wenn Rassismus Therapien verhindert“; spiegel.de vom 5. März 2018.

103 CONSTANCE HOLDEN: „Race and Medicine. Genetic studies of population differences, although controversial, promise clues to disease as well as new drug targets, scientists believe“; in: Science 5645 (302) 2003, S. 594 ff.

Daher beinhalten mehr als 50 Prozent der in Japan verschriebenen Medikamente andere Wirkstoffe als die in Europa genutzten. Einer der Gründe dafür ist, daß 30 bis 40 Prozent aller Asiaten ein mutiertes Leberenzym aufweisen und dadurch Arzneimittel nicht so gut abbauen können, weshalb asiatische Patienten häufig mit deutlich geringeren Dosen an Herz- oder Schmerzmitteln oder auch Psychopharmaka auskommen als andere Menschen.[104]

Im Mai 2003 fand eine große Humangenetiker-Konferenz an der traditionsreichen, ehemals rein schwarzen Howard-Universität in Washington, D.C. statt, auf der man das Resümee zog, politische Korrektheit dürfe nicht länger die medizinische und naturwissenschaftliche Forschung behindern. In einem ersten Zwischenergebnis ergab sich, daß bei 29 Arzneimitteln, die bei Weißen und Schwarzen unterschiedlich wirken, der Unterschied nur in drei Fällen zugunsten der Schwarzen ausfällt, bei allen anderen Arzneimitteln aber zugunsten der Weißen. Der Grund ist, daß bei den üblichen „rasseblinden" Verfahren überwiegend weiße Probanden untersucht werden. Die andersartigen Reaktionen der Schwarzen auf die Medikamente fielen so durchs Raster.[105]

Die Anthropologin Theresa Overfield von der Universität Utah urteilt: *„Rasse ist ein Kriterium, das am effektivsten gesundheitliche Unterschiede beschreiben, nein erklären kann. Die Unterschiede zwischen Menschen zu ignorieren, ist zumindest kurzsichtig und kann medizinisch schädlich sein."*[106] Und Abdallah Daar, Chirurg und Leiter der Abteilung für angewandte Ethik an der Universitätsklinik Toronto, sagt sogar: *„Wir sollten das Konzept der Rasse wieder in Wissenschaft und Medizin einführen"*. In der medizinischen Forschung sei es angebracht, zwischen den verschiedenen Rassen zu unterscheiden. *„Gerade den Minderheiten im Westen und den Menschen in den Entwicklungsländern könnten wir dank sol-*

---

104 Ebd.; BLECH: Die neue Rassendebatte.

105 SARAH K. TATE u. DAVID B. GOLDSTEIN: „Will Tomorrow's Medicines Work for Everyone?"; in: Nature Genetics 36, 2004 (Supplement), S. S34–S42; NEIL RISCH, ESTEBAN BURCHARD, ELAD ZIV u. HUA TANG: „Categorization of humans in biomedical research: genes, race and disease"; in: Genome Biology 3, 2002, S. 1–12; FRANCIS S. COLLINS: „What we do and don't know about ‚race', ‚ethnicity', genetics and health at the dawn of the genome era"; in: Nature Genetics 36, 2004 (Supplement), S. S13–S15; DAVID B. GOLDSTEIN u. JOEL N. HIRSCHHORN: „In genetic control of disease, does ‚race' matter?"; in: Nature Genetics 36, 2004, S. 1243 f.

106 JON ENTINE u. SALLY SATEL: „Race Belongs in the Stem Cell Debate"; in: Washington Post vom 9. September 2001, S. B01.

cher Vorstöße eine Medizin bieten, die für ihre Ethnie maßgeschneidert wäre.“[107]

Jerome Rotter vom Cedars-Sinai Medical Center in Los Angeles sagt: *„Es ist sehr töricht, farbenblind zu sein, zumal sich ethnische Gruppen in ihren Genen unterscheiden“.*[108] Neil Risch, Humangenetiker und Epidemiologe jüdischer Herkunft an der Universität von Kalifornien in San Francisco, erklärt: *„Lassen wir solche Unterschiede unter den Tisch fallen, erweisen wir den Minderheiten letztlich einen Bärendienst“.*[109] Nicht wenige Betroffene sehen das genauso. Die Vereinigung schwarzer Kardiologen unterstützt die Forschungen an einem rassespezifischen Herzmedikament: *„Im Namen der Wissenschaft machen wir da mit.*“[110]

Im März 2001 genehmigte die Food and Drug Administration (FDA), die amerikanische Gesundheitsbehörde, erstmals in ihrer Geschichte eine klinische Studie, die allein auf Schwarze zielte. Es ging um das Blutdruckmittel BiDil, das in den 1980er Jahren von Jay N. Cohn entwickelt wurde und die Stickstoffwerte im Blut erhöht. Erst eine Nachuntersuchung der damaligen Befunde hatte gezeigt, daß Schwarze anders als Weiße von dem Mittel profitieren. Von der Behörde einbezogene Bürgerrechtler hatten zu der Genehmigung ihren Segen gegeben. Im Juli 2004 mußte die Erprobung des Herzmittels aus ethischen Gründen vorzeitig abgebrochen werden: Seine lebensverlängernde Wirkung bei Herzinfarktpatienten hatte sich so deutlich erwiesen, daß man es nicht mehr verantworten konnte, es der Kontrollgruppe, die ohne ihr Wissen nur ein Placebo erhalten hatte, weiter vorzuenthalten. Die Sterblichkeit war in der Kontrollgruppe fast doppelt so groß gewesen wie in der Gruppe, die das Medikament wirklich erhalten hatte. Ein knappes Jahr später, am 23. Juni 2005, erteilte die FDA für BiDil erstmals die Zulassung eines Arzneimittels speziell für eine ethnische Gruppe.[111]

---

107 BLECH: „Die neue Rassendebatte“.

108 Ebd.

109 HUBERTUS BREUER: „Andere Rasse, andere Pille“; in: Die Zeit vom 19. September 2002.

110 BLECH: „Die neue Rassendebatte“.

111 BEN HARDER: „The Race to Prescribe. Drug for African Americans May Debut amid Debate“; in: Science News 167, 2005, S 247 f.; BREUER: „Andere Rasse, andere Pille“; TATE u. GOLDSTEIN: „Will Tomorrow's Medicines Work for Everyone?“.

Sind Cluster Rassen?

Die Durchbrüche in der Genforschung führten dazu, daß in den 1990er Jahren DNS-Merkmale die serologischen fast völlig verdrängten. Zunächst erfaßte man einzelne, hochvariable Abschnitte in den nicht codierenden Bereichen der mitochondrialen und der Y-chromosomalen DNS, später auch der autosomalen DNS. Mit der Automatisierung der Gensequenzierung wurde es schließlich möglich, Hunderttausende von einzelnen DNS-Polymorphismen gleichzeitig im Genom zu bestimmen.

Je mehr Daten vorlagen, desto deutlicher wurde, daß die genetische Gliederung der Menschen den Großrassen der traditionellen Typologie weitgehend entspricht. Schon Luigi Luca Cavalli-Sforza zeigte in seinem im Jahr 1994 erschienenen Buch „The History and Geography of Human Genes", das auf einer weltweiten Auswertung des serologischen Datenmaterials beruhte, daß die von ihm kartierten statischen Hauptkomponenten nicht nur den Großrassen der Europiden, Mongoliden und Negriden, sondern auch Sondergruppen wie den Australiden und Khosaniden entsprechen.[112] Diese traditionelle, auf der Morphologie und anderen sichtbaren Merkmalen beruhende Rassengliederung der Menschheit ist inzwischen ebenso durch viele Untersuchungen aufgrund von DNS-Polymorphismen bestätigt worden, in jüngster Zeit auch durch sogenannte genomweite Untersuchungen mit hunderttausenden von SNPs (*Single Nuclear Polymorphisms*).[113] Mehrere Untersuchungen zeigten außerdem,

---

112 CAVALLI-SFORZA, MENOZZI u. PIAZZA: History and Geography of Human Genes.

113 ADAM AUTON, KATARZYNA BRYC, ADAM R. BOYKO et al.: „Global distribution of genomic diversity underscores rich complex history of continental human populations"; in: Genome Research 19, 2009, S. 795–803; MICHAEL J. BAMSHAD, STEPHEN WOODING, W. SCOTT WATKINS et al.: „Human Population Genetic Structure and Inference of Group Membership"; in: American Journal of Human Genetics 72, 2003, S. 578–589; MICHAEL J. BAMSHAD, STEPHEN WOODING, BENJAMIN A. SALISBURY, J. CLAIBORNE STEPHENS: „Deconstructing the Relationship Between Genetics and Race"; in: Nature Reviews Genetics 5, 2004, S.598–608; MICHAEL D. EDGE u. NOAH A. ROSENBERG: „Implications of the apportionment of human genetic diversity for the apportionment of human phenotypic diversity"; in: Studies in History and Philosophy of Biological and Biomedical Sciences 52, 2015, S. 32–45; DAVID LÓPEZ HERRÁEZ, MARC BAUCHET, KUN TANG et al.: „Genetic Variation and Recent Positive Selection in Worldwide Human Populations: Evidence from Nearly

daß schon ab etwa 100 berücksichtigten DNS-Polymorphismen die Individuen ihrer jeweiligen Großrasse (Europide, Negride, Mongolide) zu 100 Prozent richtig zugeordnet werden können.[114] Auch die seit Lewontin von den Rassengegnern immer wieder vorgebrachte Behauptung, ein Individuum aus einer Rasse könne einem Individuum aus einer anderen Rasse genetisch ähnlicher sein als einem anderen Individuum aus der eigenen Rasse, konnte widerlegt werden. Werden in einer Untersuchung ausreichend viele Polymorphismen berücksichtigt, kommt das nicht vor.[115] Oder, allgemeiner ausgedrückt und bezogen auf alle genetischen Merkmale des Menschen: Es kommt überhaupt nicht vor.

Besondere Aufmerksamkeit erregte eine 2002 in der Zeitschrift „Science" erschienene Studie von Noah A. Rosenberg und seinen Mitarbeitern mit dem Titel „Genetic Structure of Human Populations"[116]. Rosenberg wertete darin die Daten für 377 autosomale Polymorphismen (Mikrosatelliten) von 1056 Individuen aus 52 über den ganzen Erdball verteilten Populationen aus. Er ermittelte sechs Cluster, die weitgehend

---

1 Million SNPs"; in: PLoS ONE 4, 2009, e7888; MATTIAS JAKOBSSON, SONJA W. SCHOLZ, PAUL SCHEET et al.: „Genotype, haplotype and copy-number variation in worldwide human populations"; in: Nature 451, 2008, S. 998–1003; LYNN B. JORDE u. STEPHEN P. WOODING: „Genetic variation, classification and ‚race'"; in: Nature Genetics 36, 2004 (Supplement), S. S28–S33; JUN Z. LI, DEVIN ABSHER, HUA TANG et al.: „Worldwide Human Relationships Inferred from Genome-Wide Patterns of Variation"; in: Science 319, 2008, S. 1100–1104; NOAH A. ROSENBERG, JONATHAN K. PRITCHARD, JAMES L. WEBER et al.: „Genetic Structure of Human Populations"; in: Science 298, 2002, S. 2381–2385; N. SAITOU: „A Genetic Affinity Analysis of Human Populations"; in: Human Evolution 10, 1995, S. 17–33; MARK STONEKING u. JOHANNES KRAUSE: „Learning about human population history from ancient and modern genomes"; in: Nature Reviews Genetics 12, 2011, S. 603–614; JINCHUANG XING, W. SCOTT WATKINS, DAVID J. WITHERSPOON et al.: „Fine-scaled human genetics structure revealed by SNP microarrays"; in: Genome Research 19, 2009, S. 815–825; D. J. WITHERSPOON, S. WOODING, A. R. ROGERS et al.: „Genetic Similarities Within and Between Human Populations"; in: Genetics 176, 2007, S. 351–359; DAVID SERRE u. SVANTE PÄÄBO: „Evidence for Gradients of Human Genetic Diversity Within and Among Continents"; in: Genome Research 14, 2004, S. 1679–1685; MELISSA WILLS: „Are Cluster Races? A Discussion of the Rhetorical Appropriation of Rosenberg et al.'s ‚Genetic Structure of Human Populations'"; in: Philosophy, Theory, and Practice in Biology 9, 2017, S. 1–24.

114 BAMSHAD, WOODING, WATKINS et al.: „Human Population Genetic Structure and Inference of Group Membership"; WITHERSPOON, WOODING, ROGERS et al.: „Genetic Similarities Within and Between Human Populations".

115 WITHERSPOON, WOODING, ROGERS et al.: „Genetic Similarities Within and Between Human Populations".

116 ROSENBERG, PRITCHARD, WEBER et al.: „Genetic Structure of Human Populations".

der Verteilung der Hauptrassen des Menschen entsprechen: Europa, (Subsahara-)Afrika, Ostasien, Zentral- und Südasien, Amerika und Ozeanien.

Die Kritiker Rosenbergs warfen ihm vor, daß seine Ergebnisse dazu benutzt werden könnten, zu behaupten, daß die traditionellen Rassenvorstellungen tatsächlich eine biologische Grundlage hätten. Sie betonten, daß die Ergebnisse einer Clusteranalyse abhängig von methodischen Vorgaben sind. Eine andere Programmierung kann zu einer anderen Clustergliederung und einer anderen Zahl von Clustern führen.

Daraufhin führten David Serre und Svante Pääbo vom Max-Planck-Institut für Evolutionäre Anthropologie in Leipzig die Untersuchung Rosenbergs noch einmal mit etwas anderen Vorgaben durch und kamen trotzdem zu einer im wesentlichen gleichen Clustergliederung wie Rosenberg. Trotzdem verweisen sie auf die Existenz von Gradienten innerhalb der Kontinente – so stehen die Nordafrikaner den Europäern nahe und die nordamerikanischen Indianer den Ostasiaten näher als die mittel- und südamerikanischen – und kommen zu dem Schluß, daß es keine Rassen gebe. Als ob diese Ergebnisse im Widerspruch zur traditionellen Rassengliederung stünden![117]

Der italo-amerikanische Genetiker Guido Brabujani, ein Schüler Cavalli-Sforzas, führte zusammen mit Elise M.S. Belle anhand der Daten Rosenbergs eine Suche nach genetischen Grenzen, also nach Zonen mit abrupten Wechseln in der geographischen Verteilung von Allelfrequenzen, durch. In ihren Schlußfolgerungen betonen sie, daß die so ermittelten Grenzlinien nicht den Clustern Rosenbergs entsprächen und daß auch die Ermittlung von genetischen Grenzlinien je nach den Vorgaben der Methode und des untersuchten Datenmaterials unterschiedlich ausfalle. Sieht man sich jedoch Barbujanis Karte der genetischen Grenzen an, dann zeigt diese genau die Grenzlinien, die man aus Sicht der Rassentypologie auch erwarten würde: In Afrika in der Sahara zwischen weißen Nordafrikanern und den Schwarzafrikanern und im Süden Afrikas zwischen Negriden und den Khosaniden, in Asien entlang des Himalaja zwischen dem europiden (indiden) Indien und dem mongoliden Tibet und Birma, in Südostasien zwischen dem (palä-)mongoliden Indonesien und dem melanesiden Neuguinea sowie zwischen diesem und Australien. Lediglich ein paar Grenzlinien in Amerika stimmen insofern nicht mit Rosenbergs Er-

---

117 SERRE u. PÄÄBO: „Evidence for Gradients of Human Genetic Diversity Within and Among Continents".

gebnissen überein, als Amerika bei ihm als ein einziges Cluster erscheint (was eine weitere Untergliederung natürlich nicht ausschließt).

Einig waren sich alle Kritiker Rosenbergs unter Berufung auf Lewontin und Templeton darin, daß die Unterschiede beim Menschen nicht groß genug seien, um von Rassen sprechen zu können.[118] Rosenberg selbst distanzierte sich von einer Interpretation seiner Ergebnisse im Sinne von Rassen und entgegnete, es gebe eben sowohl graduelle als auch deutlich abgrenzende Variationsmuster, beide schlössen einander nicht aus.

In einer anderen Studie untersuchte Rosenberg an 783 Polymorphismen (Mikrosatelliten), wie viele Allele weltweit und wie viele nur in bestimmten – den Rassen entsprechenden – Weltregionen vorkommen. Nur 46 Prozent der Allele kommen in allen sieben Regionen vor, aber auch nur 7,5 Prozent in jeweils nur einer Region. Die meisten Allele kommen in mehreren, aber nicht allen Regionen zugleich vor. Von den nur in einer Region vorkommenden Allelen finden sich die meisten im subsaharischen Afrika (57 Prozent).[119]

Natürlich werden die Ergebnisse von multivariaten statistischen Verfahren von Entscheidungen beeinflußt, die bei der Auswahl der Stichproben und Merkmale und bei der Einstellung des Programms getroffen werden. Dennoch ist es kein Zufall, daß multivariate Analysen immer wieder die morphologische Rassengliederungen bestätigen, und zwar umso deutlicher, je größer das Datenmaterial ist und je ausgefeilter die Methode. Den morphologischen Unterschieden entsprechen eben trotz der großen Variabilität innerhalb der Rassen genetische Unterschiede – was ja auch in der Tatsache zum Ausdruck kommt, daß die Individuen ihrer jeweiligen Bevölkerung so genau zuzuordnen sind. Die große statistische Variabilität der Allele innerhalb der Rassen und Populationen dürfte darin begründet liegen, daß es sich bei der ganz überwiegenden Mehrzahl der berücksichtigten Polymorphismen um nicht codierende Gene handelt, die – anders als die meisten sichtbaren Rassenmerkmale – keiner Selektion unterliegen, sich deshalb mit der Zeit immer mehr anreichern konnten und bei der Ausbreitung des Menschen über die verschiedenen Kontinente quasi als „statistisches Rauschen“ mitgeführt worden sind.

118 ADAM HOCHMAN: „Against the New Racial Naturalism“; in: Journal of Philosophy 110, 2013, S. 331–351; WILLS: „Are Cluster Races?“.

119 NOAH A. ROSENBERG: „A Population-Genetic Perspective on the Similarities and Differences among Worldwide Human Populations“; in: Human Biology 83, 2011, S. 659–684.

Während die genetische Gliederung der Menschheit die traditionelle Gliederung nach Großrassen und der außerhalb von ihnen stehenden Gruppen (Australier, Ozeanier usw.) bestätigt, ist das für die Untergruppen der Großrassen bisher überwiegend nicht der Fall. Hier bestätigt die Genomanalyse bisher nur die Nord-Süd-Differenzierung innerhalb Europas und Asiens, die Sonderstellung Indiens und des Nahen Ostens (mit Nordafrika) innerhalb der Europiden oder die der Khosaniden und Pygmiden innerhalb Schwarzafrikas, aber nicht die meisten der einzelnen Untertypen. Es ist also möglich, daß es sich bei diesen nur um jüngere morphologische Typen und nicht auch um genetische Rassen handelt. Es gilt, die weitere Forschung abzuwarten.

Man sollte bei der Bewertung der genetischen Ergebnisse im Auge behalten, daß es sich fast ausschließlich um nicht codierende DNS handelt. Weniger als zwei Prozent des menschlichen Genoms von etwa drei Milliarden Basenpaaren beinhalten die etwa 20.000 codierenden Gene des Menschen. Da die nicht codierende DNS fast keiner Selektion unterliegt, häufen sich in ihr mit der Zeit immer mehr Mutationen an. Diese spiegeln also in erster Linie das Alter der verschiedenen Populationen wieder. Mit den realisierten biologischen Unterschieden zwischen den Menschen, also auch den Rassenunterschieden, seien sie morphologischer, physiologischer oder psychologischer Art, haben sie nichts zu tun.

Da die Unterschiede der codierenden Gene zum großen Teil auf Selektion, also der Anpassung an die klimatische und kulturelle Umwelt der Populationen beruhen, können sie durchaus andere Gliederungen aufweisen als die der nicht codierenden DNS. Eine vergleichende Bevölkerungsuntersuchung, die nur auf codierenden Genen beruht, gibt es jedoch bislang nicht; sie ist aufgrund der Vorliebe der Humangenetiker für die nicht codierende DNS auch nicht so bald zu erwarten.

„Lewontin's fallacy"

Bereits 1977 hatte der amerikanische Biologe Jeffry B. Mitton von der Universität von Colorado in Boulder auf Unstimmigkeiten in der von Lewontin benutzten statistischen Methode hingewiesen. Bei diesem Verfahren ist es möglich, daß zwei sich dramatisch unterscheidende Populationen trotzdem durch den gleichen Differenzwert ausgedrückt werden. Miltons Kritik blieb damals aber weitgehend unbeachtet.[120]

Im Jahr 2003 veröffentlichte jedoch der britische Genetiker und Evolutionsbiologe Anthony William Fairbank Edwards in der amerikanischen Zeitschrift „BioEssays" einen Aufsatz mit dem Titel „Human genetic diversity: Lewontin's fallacy" („Menschliche genetische Vielfalt: Lewontins Fehlschluß").[121] Darin schrieb Edwards, Lewontin habe bei der Widerlegung des Rassenbegriffs mit der von ihm verwendeten statistischen Methode einen grundlegenden populationsgenetischen Fehler gemacht. Nicht die Unterschiede bei den einzelnen Merkmalen, sondern die realen Merkmalskombinationen bei den Individuen seien entscheidend für die Existenz von Rassen (oder Subspezies). Wenn man die Kombination der Merkmale berücksichtige, unterschieden sich die Individuen zweier Rassen wesentlich mehr als nur in dem Mittelwert ihrer einzelnen Merkmale. So seien auch zwei zufällig ausgewählte Individuen zweier Rassen wesentlich unterschiedlicher, als von Lewontin behauptet. Indem er die Korrelationen der Merkmale unterschlug, habe sich Lewontin von politischen Vorurteilen leiten lassen.

Tatsächlich muß man auch die Korrelationen der Merkmale beachten, wenn man die Individuen einer Art einer Subspezies oder Rasse zuordnen will. Berücksichtigt man auch nur zwei Merkmale statt einem, erhöht sich die Wahrscheinlichkeit, ein Individuum richtig zuzuordnen, bereits erheblich, und mit jedem weiteren Merkmal steigt sie weiter an.

Edwards schloß daraus, daß auch die aus Lewontins Studie abgeleiteten Behauptungen über menschliche Rassen falsch seien: *„It is not true*

---

120 JEFFRY B. MITTON: „Genetic Differentiation of Races of Man as Judged by Single-Locus and Multilocus Analyses"; in: The American Naturalist 111, 1977, S. 203–212.

121 A. W. F. EDWARDS: „Human genetic diversity: Lewontin's fallacy"; in: BioEssays 25, 2003, S. 798–801.

that ‚racial classification is [of] no genetic or taxonomic significance'. It is not true, as Nature *claimed, that ‚two random individuals from any one group are almost as different as any two random individuals from the entire world', and it is not true, as the* New Scientist *claimed, that ‚two individuals are different because they are individuals, not because they belong to different race' and that ‚you can't predict someone's race by their genes'*"[122]. Anders als vorangegangene kritische Stimmen zum Lewontinschen Variabilitätsargument fand Edwards Beitrag viel Aufmerksamkeit und Unterstützung in Anthropologen- und Genetikerkreisen und wurde auch von der Presse aufgegriffen. Er führte zwar nicht zu einer allgemeinen Abkehr von der Anti-Rassen-Rhetorik, zeigte aber, daß es unter den Fachleuten auch noch andere Auffassungen gibt.

Noch im selben Jahr bekam Edwards Schützenhilfe durch den amerikanischen Genetiker Jeffrey C. Long und dessen schwarzen Kollegen Rick A. Kittles. In einem Aufsatz, der in der Zeitschrift „Human Biology" erschien, setzten sich die beiden Autoren mit der mathematischen Struktur des von Templeton verwendeten Fixations-Index (FST) auseinander.[123]

Long und Kittles kamen zu dem Ergebnis, daß der FST-Index bei der Aufgabe, wichtige Unterschiede zwischen Populationen zu erkennen, in dramatischer Weise versagt. Der Grund dafür ist die Tatsache, daß er die Ergebnisse in einseitiger Weise beeinflußt *(„is strongly biased")*. Die Beeinflussung beruht auf der unterstellten Annahme, daß die Homozygosität – das heißt: die Wahrscheinlichkeit, daß ein Individuum ein Allel reinerbig (von beiden Eltern) besitzt – in allen Populationen gleich sei. Diese Annahme beinhaltet, daß es keine Korrelationen zwischen den verschiedenen Merkmalen gibt. Zugleich ist der FST-Index auch abhängig von der Größe der Allel-Frequenzen und daher nicht frei, im ganzen Bereich von 0.0 bis 1.0 zu variieren. Die Homozygosität innerhalb der Subpopulationen bildet die Obergrenze des möglichen FST-Wertes.[124]

Long und Kittles führten eine FST-Berechnung anhand von acht genetischen Merkmalen für acht menschliche Populationen durch. Das Ergebnis war ein FST-Wert von 0.119, das heißt: Die Variabilität zwischen den acht Populationen betrug nur 11,9 Prozent der Gesamtvariabilität für diese

122 EDWARDS: „Human genetic diversity", hier S. 801.

123 JEFFREY C. LONG u. RICK A. KITTLES: „Human Genetic Diversity and the Nonexistence of Biological Races"; in: Human Biology 75, 2003, S. 777–798.

124 LONG u. KITTLES: „Human Genetic Diversity and the Nonexistence of Biological Races", hier S. 793.

acht Gene. In einem zweiten Schritt berücksichtigten sie für die gleiche Analyse außerdem auch noch eine Gruppe von Schimpansen, also einer anderen Art (Spezies). Nun lautete das Ergebnis für den FST-Index 0.183, also 18,3 Prozent der Gesamtvariabilität, ein Wert, der nach Lewontin bedeutete, daß es keinen Rassenunterschied zwischen den Gruppen gäbe, geschweige denn einen Artunterschied. Der FST-Index versagt also an der Aufgabe, die Zugehörigkeit von Homo sapiens und Schimpansen zu verschiedenen Arten (Spezies) zu erkennen. Das liegt daran, daß der FST-Index auf einem zu einfachen, ungeeigneten Modell beruht. Die unterstellte Gleichheit der Homozygosität der verschiedenen Populationen kann das Ergebnis in starkem Maße beeinflussen.

Die Autoren verwiesen darauf, daß der Erfinder des FST-Index, Sewall Wright, selbst bei einem hypothetischen Beispiel mit zwei Subpopulationen zu einem FST-Wert von einem Drittel (0.33) kam, obwohl beide Populationen kein Allel gemeinsam hatten. Das heißt: Selbst bei einem absoluten Unterschied zwischen zwei Gruppen, wie es ihn selbst zwischen Arten nicht gibt, beträgt der errechnete Anteil der Gruppenunterschiede an der Gesamtvariabilität nur 33 Prozent (und nicht etwa 100 Prozent). Die relativ niedrigen Werte des FST-Index sind also in dessen mathematischer Struktur begründet. Dieser Sachverhalt war für Sewall Wright auch der Grund gewesen, bereits einen FST-Wert von 15 Prozent als einen mäßig großen („*moderately great*“) und einen von nur 25 Prozent schon als einen sehr großen („*very great*“) Bevölkerungsunterschied zu bezeichnen.

Long und Kittles kamen zu dem Schluß, daß der immer wieder bestätigte Befund, die Variabilität zwischen den menschlichen Rassen betrage nur zehn bis 15 Prozent der Gesamtvariabilität der Menschheit, in erster Linie als ein statistisches Artefakt anzusehen sei *(„is due primarily to statistical artifact“).* Zugleich folgerten sie, daß der relative Anteil der Variabilität innerhalb und zwischen Gruppen als Kriterium für die Existenz von Rassen oder Subspezies ungeeignet sei.

Die Kritik am FST-Index mit seiner Tendenz zu fragwürdigen Ergebnissen wird mittlerweile von vielen Populationsgenetikern geteilt.[125] Man sollte meinen, daß der FST-Index als Maß für Rassenunterschiede damit eigentlich erledigt sei. Dennoch findet sich das „Variabilitätsargument“

---

125 LOU JOST: „GST and its relatives do not measure differentiations“; in: Molecular Ecology 17, 2008, S. 4015–4026; GAURAV BHATIA, NICK PATTERSON, SRIRAM SANKARARAMAN u. ALKES L. PRICE: „Estimating and interpreting FST: The impact of rare variants“; in: Genome Research 23, 2013, S. 1514–1521.

bis heute immer wieder in der anthropologischen und „antirassistischen“ Literatur.

Ein Jahr später wurde die Debatte in den USA durch ein Buch mit dem Titel „Race. The Reality of Human Differences“ weiter angeheizt. Seine Autoren waren der Anthropologe Vincent Sarich (1934–2012) sowie der Psychologe und Journalist Frank Miele (geb. 1948).[126] Sie übten erstmals in Buchform eine konzentrierte Kritik an den politisch korrekten Rassengewißheiten.

In ihrem Buch gehen sie davon aus, daß für normale, unverbildete Menschen Rassen nicht fiktiv, sondern real sind, und verweisen auf die Studien des Psychologen Lawrence Hirschfeld, der in 15 Jahren Forschung an Kleinkindern zu dem Schluß kam, daß Kinder bereits mit drei Jahren Personen nach ihrer Rassenzugehörigkeit klassifizierten. Sie gewichteten die Rassenzugehörigkeit dabei höher als beispielsweise Körperfülle oder Kleidung. Kinder bräuchten weder über die Realität von Rassen unterrichtet zu werden, noch hielten sie diese für eine bloß oberflächliche, unwichtige Sache. Vielmehr glaubten sie: *„Rasse ist ein wesenhafter [intrinsic], unwandelbarer Aspekt der Eigenart einer Person“*, und *„sie kommen von sich aus zu diesem Schluß“*[127].

Ein Blick auf die Kunst und Literatur alter Kulturen wie Ägypten, China, Indien, Griechenland und Rom widerspricht der Auffassung, die europäischen Eroberer der Frühen Neuzeit hätten den Rassenbegriff erfunden, um die Unterdrückung und Versklavung der Nichteuropäer zu rechtfertigen. Schon in den alten Kulturen wurden den verschiedenen Rassen nicht nur auffällige physische Merkmale, sondern auch bestimmte Verhaltensweisen zugeschrieben. Und die Einteilung der Rassen erfolgte schon damals auf die gleiche Weise, wie sie auch ein heutiger Durchschnittsmensch vornimmt. Sarich und Miele referieren die Geschichte der Anthropologie von der Aufklärung bis zur Gegenwart, wobei sie auch auf die verheerende Rolle verweisen, die Männer wie Franz Boas und Ashley Montagu in ihr spielten. Besonders gründlich gehen sie auf die moderne genetische Forschung und die Kritik an Lewontins „Variabilitätsargument“ ein. Sie widerlegen die Behauptung Jared Diamonds, die Rasseneinteilung sei willkürlich und könnte genausogut eine ganz andere sein. Vielmehr kann man heute schon mit genetischen Markern die Abstam-

---

126 VINCENT SARICH u. FRANK MIELE: Race. The Reality of Human Differences, New York 2004.

127 Zit. n. SARICH u. MIELE: Race, S. 26.

mung eines Menschen aus (Subsahara-)Afrika, Europa, Ostasien oder Amerika nachweisen. Ebenso widersprechen die Autoren dem Argument Stephen Jay Goulds, der Mensch habe nicht genug Zeit gehabt, tiefergehende Rassenunterschiede zu entwickeln. Sarich und Miele verweisen auf die Temperamentuntersuchungen Daniel G. Freedmans an Neugeborenen der verschiedenen Rassen, die zeigen, daß schon bei diesen die Verhaltensunterschiede genausogroß sind wie bei Hunderassen.

Sarich und Miele referieren jedoch nicht nur die wissenschaftliche Literatur, sondern tragen auch neue Aspekte zur Debatte bei. Vincent Sarich führte anhand von kraniometrischen Daten aus dem Material von William Howells und Colin Groves einen Vergleich von verschiedenen Menschen-, Schimpansen- und Gorillapopulationen durch. Der mit einer sich auf die interindividuelle Variabilität beziehenden statistischen Methode durchgeführte Vergleich anhand von morphologischen (kraniometrischen) Merkmalen bestätigte die Ausgeprägtheit der menschlichen Rassenunterschiede. Danach beträgt die größte Distanz zwischen zwei Schimpansenarten 20,0 und zwischen zwei Gorilla-Subspezies, bei denen es sich möglicherweise auch um Arten (Spezies) handelt, 24,7. Beim Menschen beträgt die größte Distanz zwischen zwei Populationen innerhalb der Art *Homo sapiens sapiens*, nämlich zwischen negriden Teita (Bantu sprechenden Kenianern) und mongoliden Buriaten, 46,0. Das heißt: Die morphologischen Unterschiede zwischen den menschlichen Rassen sind fast doppelt so groß wie jene zwischen den Spezies und Subspezies verwandter Primaten.[128]

Einen anderen neuen Aspekt brachte der Genetiker Henry Harpending (1944–2016) in einem Briefwechsel mit dem Wissenschaftsjournalisten Frank Salter in die Debatte ein. Bezugnehmend auf die Lewontinsche Formel von 85 Prozent Binnenvariabilität und nur 15 Prozent Zwischengruppenvariabilität der menschlichen Rassen verweist Harpending darauf, daß diese den diploiden Charakter des menschlichen Organismus unterschlägt. Das heißt, daß wir in jedem Chromosom zwei DNS-Stränge besitzen, von jedem Elternteil einen, die sich genauso voneinander unterscheiden wie zwei beliebige Menschen aus der Ausgangspopulation, aus der unsere Eltern stammen (den Effekt der genetischen Ähnlichkeit der Eltern durch Paarungssiebung lassen wir hier mal außen vor). Wenn nach Lewontin 15 Prozent genetische Variabilität zwischen den Rassen besteht und 85 innerhalb derselben, dann heißt das, daß 42,5 Prozent

128 Ebd., S. 170 ff.

der Variabilität zwischen den Individuen und 42,5 Prozent innerhalb der Individuen der Rasse bestehen. Der Unterschied zwischen der Zwischengruppenvariabilität und der Binnenvariabilität beträgt dann nur noch 15 zu 42,5 Prozent und nicht 15 zu 85.[129] Diese Kalkulation wird übrigens von David Serre und Svante Pääbo in einem Aufsatz aus demselben Jahr wie Sarichs und Mieles Buchs bestätigt.[130]

---

129 Ebd., S. 168.

130 Vgl. SERRE u. PÄÄBO: „Evidence for Gradients of Human Genetic Diversity Within and Among Continents", hier S. 1683.

Gibt es psychische Rassenunterschiede?

Die Existenz von psychischen Rassenunterschieden ist schon aus theoretischen Gründen zwingend. Psychische Eigenschaften haben ebenso eine genetische Grundlage wie physische. Es gibt in jeder Bevölkerung eine große Variationsbreite psychischer Eigenschaften. Zwillings- und Adoptionsstudien zeigen, daß die genetische Heritabilität von Charaktereigenschaften in der Bevölkerung etwa 50 Prozent beträgt, die der Intelligenz sogar 70–80 Prozent.[131] Die Korrelation zwischen Adoptivkindern und ihren biologischen Eltern ist hoch, während die zwischen Adoptivkindern und ihren Adoptiveltern minimal ist. Und es ist unmöglich, daß jene Gene, die sie beeinflussen, in jeder Bevölkerung auf der Welt immer gleich häufig vorliegen. Es ist vielmehr wahrscheinlich, daß gerade die psychischen Eigenschaften einen großen Anpassungswert an die jeweilige klimatische und kulturelle Umwelt aufweisen und deswegen in besonderem Maße der Selektion im Rahmen der Rassenevolution unterlagen.

Seit jeher wird das Temperament der Rassen der Menschheit in immer gleicher Form beschrieben: das der Nordeuropäer als ruhig, sachlich und kühl, das der Südeuropäer als temperamentvoll, das der Negriden als extravertiert und wenig neurotisch, das der Ostasiaten als zurückhaltend, das der Indianiden als stoisch und das der Inder als introvertiert.[132]

Empirische Befunde aus dem Bereich der Kulturvergleichenden Psychologie bestätigen dieses Bild, so das ruhige Temperament der Nordeuropäer und das lebhafte, expressive und gesellige der Südeuropäer.[133] Nordeuropäer empfinden Ruhe häufiger als angenehm und Aufregung

131 FRANZ J. NEYER u. JENS B. ASENDORPF: Psychologie der Persönlichkeit, 6., vollst. überarb. Aufl., Berlin 2018, S. 305 ff.

132 ANDREAS VONDERACH: Völkerpsychologie. Was uns unterscheidet, 2., überarb. u. erg. Aufl., Schnellroda 2016, S. 111 ff.

133 JAMES W. PENNEBAKER, BERNARD RIMÉ u. VIRGINIA E. BLANKENSHIP: „Stereotypes of Emotional Expressiveness of Northerners and Southeners: A Cross-Cultural Test of Montesquieu's Hypotheses"; in: Journal of Personality and Social Psychology 70, 1996, S. 372–380.

häufiger als unangenehm als Südeuropäer.[134] Dafür haben Nordeuropäer ein starkes Tätigkeitsbedürfnis. Die Daten bestätigen außerdem das stoische, emotionslose Temperament der meisten indianischen Völker sowohl in Nord- als auch in Südamerika, das extravertierte der europäischstämmigen Lateinamerikaner, das nach innen gerichtete und passive Wesen der Inder und die Anpassungsbereitschaft und Liebenswürdigkeit der Südostasiaten.[135]

Araber zeichnen sich durch außerordentliche Reizbarkeit und Impulsivität bei eher ruhigem Grundtemperament aus. Choleriker sind bei ihnen zwei- bis dreimal so häufig wie bei Europäern.[136] Arabische Beduinenkinder zeigen eine starke Impulsivität, die schnell in offene Aggressivität umschlagen kann.[137] Schon antike Autoren wie Claudius Ptolemaios, Ammianus Marcellinus und Pompeius Trogus haben aus Nordafrika und dem Nahen Osten von der Aggressivität der Bewohner, von dem starken Sexualtrieb der Männer und der Verschleierung und Wegsperrung der Frauen berichtet, lange vor dem Islam.[138]

Hatte man bis dahin noch annehmen können, daß diese Unterschiede auf kulturellen Einflüssen beruhten und keine genetische Grundlage hätten, änderte sich das mit den Untersuchungen, die der amerikanische Psychologe Daniel G. Freedman (1927–2008) in den Jahren um 1970 an Neugeborenen durchführte. Freedman, der jüdischer Herkunft und mit einer Chinesin verheiratet war, untersuchte Neugeborene in den ersten 48 Stunden nach ihrer Geburt mit bestimmten Provokationstests. Er wählte Mütter aus, die gleichaltrig waren, gleich viele Geburten hinter

---

134 BERNARD RIMÉ u. DINO GIOVANNINI: „The physiological patterns of reported emotional states"; in: KLAUS R. SCHERER u. HARALD G. WALLBOTT (Hg.): Experiencing Emotion. A Cross-cultural Study, Cambridge et al. 1986, S. 84–97.

135 VONDERACH: Völkerpsychologie, S. 203 ff., 212 ff., 260 ff., 275 ff.

136 PAUL GRIEGER: „Essai d'une analyse caractérologique des peuples. Cas de l'éthnotype Libanais"; in: Revue de Psychologie des Peuples 10, 1955, S. 269–287; vgl. ENNO DIRK WIERSMA: „Körperbau verschiedener Rassen und Konstitutionen im Zusammenhang mit psychologischen und physiologischen Eigenschaften"; in: Zeitschrift für angewandte Psychologie 33, 1929, S. 136–184.

137 JACOB WAGNER: Die Intelligenz und psychologische Welt von Beduinenkindern in der Negev-Wüste Israels, Frankfurt a.M. et al. 1977.

138 VONDERACH: Völkerpsychologie, S. 22 ff.; WILL DURANT: Kulturgeschichte der Menschheit, Bd. 4: Der Aufstieg Roms und das Imperium, Frankfurt a.M., Berlin u. Wien 1981, S. 59; KLAUS E. MÜLLER: Geschichte der antiken Ethnologie, Reinbek 1997, S. 393, 511; UTA BELLMANN: „Orientierungen". Über die Entstehung europäischer Bilder vom Orient und von Arabien in der Antike. Einflussfaktoren und stereotype Fortführungen im Mittelalter, Berlin 2009, S. 84 f.

sich hatten, der gleichen sozialen Schicht angehörten, die gleiche Schwangerschaftsberatung und die gleichen Medikamente erhalten hatten.[139]

Freedman fand erhebliche Verhaltensunterschiede: Weiße Babys beginnen schneller, zu schreien, und sind schwieriger wieder zu beruhigen. Chinesische Babys sind mit fast jeder Lage zufrieden, in die man sie bringt, sowie passiver und weniger leicht erregbar. Die europäischen Säuglinge unterliegen in ihren Stimmungen größeren Schwankungen und reagieren stärker auf Störungen ihres Wohlbefindens oder auf akustische und optische Reize. Freedman, der auch Verhaltensuntersuchungen an jungen Hunden durchgeführt hatte, kam zu dem Schluß, daß die verschiedenen Menschenrassen bereits nach der Geburt Verhaltensunterschiede zeigen, die genausostark ausgeprägt sind wie bei Hunderassen![140]

Bei weiteren Untersuchungen erwies sich, daß chinesische Babys in Asien das gleiche Verhalten zeigten wie Babys chinesischer Herkunft in Amerika. Negride Säuglinge sind dagegen ähnlich reizbar wie die europiden, schreien aber nicht so stark und sind leichter wieder zu beruhigen. Sie zeigen vor allem besser entwickelte motorische Fähigkeiten und stärkere Reflexe; viele von ihnen können schon bei der Geburt den Kopf hochhalten. Bei negriden Säuglingen in Afrika sind die Charakteristika amerikanischer Negrider noch ausgeprägter.

Bemerkenswert ist, daß nicht nur japanische Neugeborene, sondern auch die der nordamerikanischen Navajo-Indianer in Arizona ein ähnliches Verhalten wie die chinesischen Säuglinge zeigten. Die Navajo sind – wie alle indianischen Völker – aus Nordostasien nach Amerika eingewandert. Ihre Säuglinge sind sogar noch ruhiger und friedlicher als die chinesischen. Sie sind von allen untersuchten ethnischen Gruppen die am wenigsten reizbaren und die passivsten Neugeborenen. Südindische Neugeborene sind weniger empfindlich und reizbar als die europäischen Babys und leicht zu beruhigen. Sie besitzen eine ausgeprägte Fähigkeit, unangenehme Reize zu ignorieren. Die Säuglinge australischer Ureinwohner haben dagegen ein ganz eigenständiges Merkmalsprofil, zu dem ebensogroße motorische Fähigkeiten gehören wie bei den afrikanischen Negriden, aber auch eine ähnliche Passivität wie bei den Mongoliden. Sie

---

139 DANIEL G. FREEDMAN u. NINA CHINN FREEDMAN: „Behavioral Differences between Chinese-American and European-American Newborns"; in: Nature 224, 1969, S. 1227; DANIEL G. FREEDMAN: „Ethnic Differences in Babies"; in: LAURENCE DUNDES (Hg.): The Manner Born. Birth Rites in Cross-Cultural Perspective, Walnut Creek 2003, S. 221–229.

140 FREEDMAN: „Ethnic Differences in Babies", S. 221 f.

haben den höchsten Wert für Wachsamkeit und die ausgeprägteste Verteidigungsreaktion.

Untersuchungen an etwas älteren Kindern vervollständigten das Bild. Maya-Babys in Mexiko sind demnach in ihren Bewegungen ebenso reduziert wie die der Navajos. Die Babys aus dem Nahen Osten und Griechenland haben das schwierigste Temperament; sie sind am negativsten gestimmt und schreien am meisten. Diejenigen italienischer Herkunft nehmen eine Mittelstellung zwischen denen aus dem Nahen Osten und aus den nordeuropäischen Ländern ein. Seit den Untersuchungen Freedmans kann kein vernünftiger Zweifel mehr daran bestehen, daß die wesentlichen Temperamentseigenschaften der Rassen des Menschen eine genetische Grundlage haben und nicht nur kulturell bedingt sind.[141]

Obwohl in der renommierten britischen Zeitschrift „Nature" veröffentlicht, sind die Ergebnisse Freedmans heute fast unbekannt. In den wichtigen Handbüchern zur biologischen Anthropologie, Ethnologie oder Kulturvergleichenden Psychologie kommen sie nicht vor. Die Wikipedia-Seite über Daniel G. Freedman wird regelmäßig gelöscht, weil Freedman mit seinen Untersuchungen aus heutiger, „antirassistischer" Sicht „Rassen konstruiert", was natürlich „rassistisch" sei.

Durch die Fortschritte der genetischen Forschung liegen neuerdings auch Befunde über die unterschiedliche Verbreitung von Genen vor, die durch ihre Wirkung auf Neurotransmitter das Verhalten beeinflussen. So verstärkt das 7er-Allel des Dopamin-Rezeptor-Gens 4 (DRD4) das Merkmal *Novelty seeking*, was das Bedürfnis nach Neuem und Abenteuerlust bezeichnet. Dieses Allel kommt bei Europäern zu 16 Prozent vor und fehlt bei Ostasiaten ganz. Letzteres bestätigt deren angepaßten, disziplinierten Charakter. Den höchsten Wert hat das Allel bei den Amazonas-Indianern, was gut zu deren herausforderndem Verhalten paßt, wie Irenäus Eibl-Ei-

---

141 Ebd.: S. 223; DANIEL G. FREEDMAN: Human Infancy. An Evolutionary Perspective, New Jersey 1974, S. 147, 171; MARGOT PRIOR, MICHAEL KYRIOS u. FRANK OBERKLAID: „Temperament in Australian, American, Chinese, and Greek Infants: Some Issues and Directions for Future Research"; in: Journal of Cross-Cultural Psychology 17, 1986, S. 455–474; MARGOT PRIOR, ELIO GARINO, ANN SANSON u. FRANK OBERKLAID: „Ethnic influences on ‚difficult' temperament and behavioural problems in infants"; in: Australian Journal of Psychology 39, 1987, S. 163–171; GIOVANNA AXIA, MARGOT PRIOR u. MARIA GRAZIA CARELLI: „Cultural Influences on Temperament: A Comparison of Italian, Italo-Australian, and Anglo-Australian Toddlers"; in: Australian Psychologist 27, 1992, S. 52–56.

besfeldt es beschrieben hat.[142] In Europa ist das „abenteuerlustige" Allel bei Nordeuropäern etwas häufiger als bei Süd- und Osteuropäern. Eine besondere Mutation des 7er-Allels, die ebenfalls mit *Novelty seeking* korreliert ist, findet sich häufig bei den polynesischen Südseeinsulanern, den Nachkommen wagemutiger Seefahrer.[143]

---

142 IRENÄUS EIBL-EIBESFELDT: Menschenforschung auf neuen Wegen. Die naturwissenschaftliche Betrachtung kultureller Verhaltensweisen, Wien, München u. Zürich 1976.

143 ESZTER SZANTAI, R. SZMOLA, MARIA SASVARI-SZEKELY et al.: „The polymorphic nature of the human dopamine D4 receptor gene: A comparative analysis of known variants and a novel 27 bp deletion in the promoter region"; in: BMC Genetics 6, 2005, S. 39; JONATHAN B. SAVITZ u. RAJKUMAR S. RAMESAR: „Genetic variants implicated in personality: A review of the more promising candidates"; in: American Journal of Medical Genetics (Neuropsychiatric Genetics) 131B, 2004, S. 20–32; LIISA KELTIKANGAS-JÄRVINEN, KATRI RÄIKKÖNEN et al.: „Nature and nurture in novelty seeking"; in: Molecular Psychiatry 9, 2004, S. 308–311; AVRAHAM N. KLUGER, ZAHAVA SIEGFRIED u. RICHARD P. EBSTEIN: „A meta-analysis of the association between DRD4 polymorphism and novelty seeking"; in: Molecular Psychiatry 7, 2002, S. 712–717; YUAN-CHUN DING, HAN-CHANG CHI, DEBORAH L. GRADY et al.: „Evidence of positive selection acting at the human dopamine receptor D4 gene locus"; in: Proceedings of the National Academy of Sciences of the USA 99 (2002), S. 309–314; JUDY AUERBACH, VADIM GELLER, S. LEZER et al.: „Dopamine D4 receptor (DRD4) and serotonin transporter promoter (5-HTTLPR) polymorphisms in the determination of temperament in 2-month-old infants"; in: Molecular Psychiatry 4, 1999, S. 369–373; ERNEST P. NOBLE, TULIN Z. OZKARAGOZ, TERRY L. RITCHIE et al.: „D2 and D4 dopamine receptor polymorphisms and personality"; in: American Journal of Medical Genetics (Neuropsychiatry Genetics) 81, 1998, S. 257–267; H. H. VAN TOL, C. M. WU, H. C. GUAN et al.: „Multiple dopamine D4 receptor variants in the human population"; in: Nature 358, 1992, S. 149–152; J. BENJAMIN, Y. OSHER, M. KOTLER et al.: „Association between tridimensional personality questionnaire (TPQ) traits and three functional polymorphisms: dopamine receptor D4 (DRD4), serotonin transporter promoter region (5-HTTLPR) and catechol O-methyltransferase (COMT)"; in: Molecular Psychiatry 5, 2000, S. 96–100; CHUANSHENG CHEN, MICHAEL L. BURTON, ELLEN GREENBERGER u. JULIA DMITRIEVA: „Population Migration and the Variation of Dopamine D4 Receptor (DRD4) Allele Frequencies around the Globe"; in: Evolution and Human Behavior 20, 1999, S. 309–324; FONG-MING CHANG, JUDITH R. KIDD, KENNETH J. LIVAK et al.: „The world-wide distribution of allele frequencies at the human dopamine D4 receptor locus"; in: Human Genetics 98, 1996, S. 91–101; ATIKA MANSOOR, KEHKASHAN MAZHAR u. RAHEEL QAMAR: „VNTR polymorphism of the DRD4 locus in different Pakistani ethnic groups"; in: Genetic Testing 12, 2008, S. 299–304; LUCIANA TOVO-RODRIGUEZ, SIDIA M. CALLEGARI-JACQUES et al.: „Dopamine receptor D4 allele distribution in Amerindians: a reflection of past behavior differences?"; in: American Journal of Physical Anthropology 143, 2010, S. 458–464; MARA H. HUTZ, SILVANA ALMEIDA, CARLOS E. A. COIMBRA et al.: „Haplotype and Allele Frequencies for Three Genes of the Dopaminergic System in South American Indians"; in: American Journal of Human Biology 12, 2000, S. 638–645.

Ein anderes Gen ist das Serotonin-Transporter-Gen (SERT), dessen kurzes Allel mit Neurotizismus und Schadensvermeidung korreliert ist. Das heißt, seine Träger neigen stärker zu negativen Emotionen und sind vorsichtiger und ängstlicher. Mit 70–80 Prozent ist das kurze Allel am häufigsten bei den Ostasiaten, was gut mit deren zurückhaltendem und sozial angepaßten Temperament übereinstimmt, gefolgt von den Indern mit 59 Prozent. Europäer tragen das kurze, „neurotische" Allel zu 35–50 Prozent. Am seltensten ist es mit 24–28 Prozent bei den Afrikanern, was gut zu deren wenig neurotischem Charakter paßt.[144]

---

144 CHEE HONG NG, SIMON EASTEAL, S. TAN et al.: „Serotonin transporter polymorphisms and clinical response to sertraline across ethnicities"; in: Progress in Neuropsychopharmacology and Biological Psychiatry 30, 2006, S. 953–957; SAVITZ u. RAMESAR: „Genetic variants in personality"; FRANCIS E. LOTRICH u. BRUCE G. POLLOCK: „Meta-analysis of serotonin transporter polymorphisms and affective disorders"; in: Psychiatric Genetics 14, 2004, S. 121–129; WOJCIECH Ł. DRAGAN u. WŁODZIMIERZ ONISZCZENKO: „Polymorphisms in the Serotonin Transporter Gene and Their Relationship to Two Temperamental Traits Measured by the Formal Characteristics of Behavior-Temperament Inventory: Activity and Emotional Reactivity"; in: Neuropsychobiology 51, 2005, S. 269–274; S. SEN, M. BURMEISTER u. D. GHOSH: „Meta-analysis of the association between a serotonin transporter promoter polymorphism (5-HTTLPR) and anxiety-related personality traits"; in: American Journal of Medical Genetics (Neuropsychiatry Genetics) 127, 2004, S. 85–89; UNDINE E. LANG, MALEK BAJBOUJ, CATRIN WERNICKE et al.: „No Association of a Functional Polymorphism in the Serotonin Transporter Gene Promoter and Anxiety-Related Personality Traits"; in: Neuropsychobiology 49, 2004, S. 182 ff.; Yw.-Y. YU, S.-J. TSAI, T. J. CHEN et al.: „Association study of the serotonin transporter promoter polymorphism and symptomatology and antidepressant response in major depressive disorders"; in: Molecular Psychiatry 7, 2002, S. 1115–1119; BENJAMIN, OSHER, KOTLER et al.: „Association"; AUERBACH, GELLER, LEZER et al.: „Dopamine D4 receptor"; JOEL GELERNTER, JOSEPH F. CUBELLS, JUDITH R. KIDD et al.: „Population Studies of Polymorphisms of the Serotonin Transporter Protein Gene"; in: American Journal of Medical Genetics (Neuropsychiatry Genetics) 88, 1999, S. 61–66; JOEL GELERNTER, HENRY KRANZLER, EMIL F. COCCARO et al.: „Serotonin transporter protein gene polymorphism and personality measures in African American and European American subjects"; in: American Journal of Psychiatry 155, 1998, S. 1332–1338; H. KUNUGI, M. HATTORI, T. KATO et al.: „Serotonin transporter gene polymorphisms: ethnic difference and possible association with bipolar affective disorder"; in: Molecular Psychiatry 2, 1997, S. 457–462; JOAN Y. CHIAO u. KATHERINE D. BLIZINSKY: „Culture-gene coevolution of individualism-collectivism and the serotonin transporter gene"; in: Proceedings of the Royal Society B (Biological Sciences) 277, 2009, S. 529–537; REDFORD B. WILLIAMS, DOUGLAS A. MARCHUK, KISHORE M. GADDE et al.: „Serotonin-Related Polymorphisms and Central Nervous System Serotonin Function"; in: Neuropsychopharmakology 28, 2003, S. 533–541; PETER MCGUFFIN, SHAZA ALSABBAN u. RUDOLF UHER: „The truth about genetic variation in the serotonin transporter gene and response to stress and medication"; in: The British Journal of Psychiatry 198, 2011, S. 424–427.

Das Monoaminooxidase-A-Gen (MAOA) spielt beim Abbau des Streßhormons Noradrenalin eine Rolle. Bei seinem 2er-Allel wird das Noradrenalin weniger gut abgebaut. Die Träger dieses Allels können aggressive Impulse schlechter kontrollieren. Da das Gen auf dem X-Chromosom liegt, sind in erster Linie Männer betroffen (Frauen verfügen über ein zweites X-Chromosom, das die Abweichung ausgleichen kann). Es besteht ein starker Zusammenhang des 2er-Allels mit aggressivem und antisozialem Verhalten. Unter amerikanischen Gefängnisinsassen tritt das 2er-Allel (in der jeweiligen Rassengruppe) dreimal häufiger auf als in der Normalbevölkerung.

Von völkerpsychologischem Interesse ist natürlich auch die Weltverteilung des MAOA-2er-Allels. Es kommt nur bei 0,1 bis 0,5 Prozent der Europäer vor. Bei (amerikanischen) Negriden ist es mit Werten von 4,7 bis 5,5 Prozent schon deutlich häufiger. Bei Chinesen kommt es nach den bisherigen Untersuchungen überhaupt nicht vor. Bemerkenswert ist das Ergebnis einer 2012 veröffentlichten Studie aus Saudi-Arabien. Danach tragen 15,6 Prozent der Araber das MAOA-2er-Allel! Ein Befund, der die vielen Erfahrungen mit der Impulsivität und Aggressivität der Araber bestätigt.[145]

Die Tatsache, daß psychische Rassenunterschiede existieren, kann heute eigentlich nur noch bestritten werden, wenn man die Ergebnisse der naturwissenschaftlichen Forschung völlig ignoriert.

---

145 VONDERACH: Völkerpsychologie, S. 318 ff.; GUANG GUO, XIAO-MING OU, MICHAEL E. ROETTGER, JEAN C. SHIH: „The VNTR 2 repeat in MAOA and delinquent behavior in adolescence and young adulthood: Associations and MAOA promoter activity"; in: European Journal of Human Genetics 16, 2008, S. 626–634; GUANG GUO, MICHAEL E. ROETTGER u. TIANJI CAI: „The Integration of Genetic Propensities into Social-Control Models of Delinquency and Violence among Male Youth"; in: American Sociological Review 73, 2008, S. 543–568; IRVING M. RETI, JERRY Z. XU, JASON YANOFSKI et al.: „Monoamine oxidase A regulates antisocial personality in whites with no history of physical abuse"; in: Comprehensive Psychiatry 52, 2011, S. 188–194; KEVIN M. BEAVER, JOHN PAUL WRIGHT, B. BOUTWELL et al.: „Exploring the association between the 2-repeat allele of the MAOA gene promoter polymorphism and psychopathic personality traits, arrests, incarceration, and lifetime antisocial behavior"; in: Personality and Individual Differences 54, 2013, S. 164–168; ROD LEA u. GEOFF CHAMBERS: „Monoamine Oxidase, Addiction, and the ‚Warrior' Gene Hypothesis"; in: New Zealand Medical Journal 120, 2007, S. U2441; A. E. EL-TARRAS, A. A. ALUSULAIMANI, N. S. AWAD, et al.: „Association study between the dopamine-related candidate gene polymorphisms and ADHD among Saudi Arabia population via PCR technique"; in: Molecular Biology Reports 12 (39) 2012, S. 11081–11086.

Der allgegenwärtige Rassismus

Der Begriff Rassismus ist verhältnismäßig jung und wurde ursprünglich auf den Nationalsozialismus oder das Apartheidsystem in Südafrika angewendet. Seither hat sich der Rassismusbegriff jedoch immer mehr ausgeweitet und radikalisiert. Mit der Ausbreitung des „Antirassismus" in den Sozialwissenschaften gibt es inzwischen eine regelrechte Flut von rassismustheoretischer Literatur. Für uns ist hier vor allem jene Literatur von Interesse, die im Rassismus eine Einstellung oder Ideologie sieht, nicht so sehr die, die ihn als eine Herrschaftspraxis (Ausbeutung von Ausländern oder der Dritten Welt) betrachtet.

Ursprünglich beinhaltete der Rassismusbegriff eine Werthierarchie der Rassen als Begründung von Herrschaft und Unterdrückung. Daß es Rassen und Unterschiede zwischen ihnen gibt, stellte er noch nicht in Frage. Wenn auch einzelne „antirassistische" Autoren immer wieder die Existenz von Rassenunterschieden leugneten, so war das noch bis in die 1980er Jahre hinein eine radikale Minderheitenposition, die vom wissenschaftlichen Establishment nicht geteilt wurde. Die wissenschaftliche Anthropologie als das akademische Fach, das sich mit den Unterschieden zwischen den Menschen beschäftigt, wurde davon noch nicht berührt. Mit der zunehmenden Durchsetzung radikal linker Ideen in den Sozial- und Geisteswissenschaften hat sich dort jedoch inzwischen die Auffassung weitgehend durchgesetzt, daß bereits die Überzeugung, daß es Rassen gibt, sowie die wissenschaftliche Erforschung von Rassenunterschieden „rassistisch" und damit moralisch und wissenschaftlich unzulässig seien.

Rassen seien demnach ideologische Konstrukte, die keinerlei Entsprechung in der Wirklichkeit hätten. Die Weißen hätten sie in der Frühen Neuzeit erfunden, um ihre Herrschaft über die farbigen Völker zu rechtfertigen. *„Rassen existieren nicht"*[146], vielmehr beginne der *„Rassismus mit der Behauptung des Bestehens menschlicher Rassen"*[147]. Rassismus sei

146 STUART HALL: „Rassismus als ideologischer Diskurs"; in: DOROTHEE KIMMICH, STEPHANIE LAVONARO u. FRANZISKA BERGMANN (Hg.): Was ist Rassismus? Kritische Texte, Stuttgart 2016, S. 172–187, hier S. 172.

147 ACHIM BÜHL: Rassismus. Anatomie eines Machtverhältnisses, Wiesbaden 2016, S. 29.

„der Glaube, dass es ‚Rassen' gebe"[148]. Das ist die Auffassung, die heute in den Publikationen anerkannter Verlage wie zum Beispiel C.H.Beck in großer Auflage verbreitet wird.

Nicht nur der klassische Rassismus, sondern jede Form von Fremdenfeindlichkeit oder auch nur Distanz gegenüber Fremden wird als „rassistisch" bezeichnet. Der „Rassismus", wie er zum Beispiel von der Literaturwissenschaftlerin und „Rassismusforscherin" Susan Arndt (geb. 1967) aufgefaßt wird, ist demnach eine allgegenwärtige Erscheinung, und im Grunde ist jeder Mensch „rassistisch" und bedarf der ständigen Überwachung und Erziehung.[149] Schon in der Grundschule oder im Kindergarten sollen „rassistische Vorurteile" „bekämpft" werden. Der „Antirassismus" ist dadurch in den westlichen Ländern geradezu zu einer Erziehungsideologie mit universalem Anspruch geworden.

---

148 SUSAN ARNDT: Rassismus. Die 101 wichtigsten Fragen, 2., durchges. Aufl., München 2015, S. 17.

149 ARNDT: Rassismus.

Und die Wahrheit biegt sich …

Die Herrschaft der „Antirassisten“ an den Universitäten hat zur Folge, daß kaum noch ein Wissenschaftler es wagt, die anthropologische Variabilität des Menschen zu erforschen. Eine gewisse Ausnahme stellt die moderne Genforschung dar, die durch ihre spektakulären Erfolge über ein enormes Renommee verfügt, das sie vor den Übergriffen der „Antirassisten“ schützt. In Deutschland sind inzwischen die meisten anthropologischen Institute geschlossen worden. Es gibt zwar noch eine Gesellschaft für Anthropologie, aber die Arbeitsgemeinschaft Bevölkerungsbiologie/Populationsgenetik wurde 2005 *„zugunsten anderer Schwerpunkte in der Fachgesellschaft“* aufgelöst.[150] Die anthropologisch-genetische Forschung findet heute im Rahmen anderer Institute wie dem Max-Planck-Institut für evolutionäre Anthropologie in Leipzig statt, ohne Beziehungen zur bisherigen Anthropologie – und in der Regel auch ohne Kenntnis von deren Forschungsergebnissen.

Die Folge eines solchen Drucks ist nicht nur, daß bestimmte Fragen nicht mehr gestellt werden, sondern auch, daß sich durch wissenschaftliche Handbücher und populäre Darstellungen ein schiefes bis falsches Bild festsetzt, das mit der Wirklichkeit nichts mehr zu tun hat. Der Wissenschaftsjournalist Dieter E. Zimmer schreibt dazu:

„Und das ist das Ergebnis des inquisitorischen Gesinnungsdrucks, […] daß ganze Fachbereiche sich daran gewöhnen, fünf gerade sein zu lassen […]. [Man hat ein] verständliches Interesse daran, Scherereien aus dem Weg zu gehen und sich nicht etwa von Flugblättern oder Sprechchören als Rassist oder Sexist anspucken zu lassen. So lernt ein ganzes Fach, daß es besser ist, Forschungsprojekte, bei denen das Falsche herauskommen könnte, gar nicht erst in Angriff zu nehmen, daß bestimmte Fragen besser ausgeklammert bleiben, um in Ruhe den anderen nachgehen zu können, daß bestimmte Autoren besser nicht zitiert werden, andere aber bei jeder Gelegenheit, daß bestimmte Kollegen besser nicht berufen oder zu den Fachtagungen eingeladen werden, […] daß man bestimmte Fragen

150 HOLLE GREIL u. GISELA GRUPE: „Geschichte der Gesellschaft für Anthropologie e.V.“; in: GISELA GRUPE, GEORGE MCGLYNN u. JORIS PETERS (Hg.): Beiträge zur Anthropologie und Paläoanatomie, Rahden/Westf. 2013, S. 25–53, hier S. 44.

klugerweise überhaupt nicht äußert, daß man am besten durch irgendein Denkopfer die Harmlosigkeit der eigenen Position demonstriert – und im weiten Umkreis sehen alle betreten weg, um nicht selber noch in Sachen hineingezogen zu werden, die ja gar nicht die ihren sind […]. [Und] schon neigt sich die Wahrheit ein wenig, biegt sich, verbiegt sich, kippt. Und die Medien können melden, die einhellige Meinung der Experten sei die und die."[151]

Und schon gibt es keine Rassen mehr, obwohl jeder, der sehen kann, es besser weiß, ist Intelligenz nicht mehr erblich, sind Völker „Erfindungen" und die Geschlechter „soziale Konstrukte".

Ich kann das an einem selbst erlebten Beispiel illustrieren: Ich wollte etwa um das Jahr 2003 eine anthropologische Arbeit, die auf der Auswertung morphologischer Daten von Kindern ostdeutscher Vertriebener aus der Westfalen-Untersuchung von Schwidetzky und Walter[152] beruhte, in der deutschen, aber mittlerweile englischsprachigen Fachzeitschrift „Homo" veröffentlichen. In dieser Arbeit kam ich zu dem Ergebnis, daß zwischen den verschiedenen Merkmalen Korrelationen bestehen, die auf die traditionellen Rassentypen hinweisen.

Bei den aus den ehemaligen deutschen Ostgebieten stammenden Kindern war die höchste Merkmalskorrelation mit $r = 0{,}44$ diejenige zwischen betonten Jochbögen und schrägen Lidspalten. Bei den einheimischen westfälischen Kindern betrug diese dagegen nur 0,07 und war nicht signifikant von Null unterschieden. Es bestand bei den Ostdeutschen außerdem ein Zusammenhang von betonten Jochbögen und schrägen Lidspalten mit dem zurückweichenden Kinnprofil, der ebenfalls in Westfalen fehlte. Diese Korrelationen waren ein deutlicher Hinweis auf den osteuropiden Typus in der ostdeutschen Bevölkerung. Bei den westfälischen Kindern bestehen dagegen teilweise entgegengesetzte Merkmalskorrelationen, die dem traditionellen Bild des fälischen Typus entsprechen. Ich sah in der statistischen Bestätigung der traditionellen Typologie ein wichtiges Ergebnis meiner Arbeit und habe das in meinem Aufsatz entsprechend herausgestrichen.

Als ich den Aufsatz bei „Homo" einreichte, gab es jedoch Widerspruch seitens der Herausgeber. Einer von ihnen (nicht Prof. Rösing) forderte eine Überarbeitung des Textes. Er bestand auf „*linguistic cosmetics*" und

151 DIETER E. ZIMMER: Deutsch und anders. Die Sprache im Modernisierungsfieber, Reinbek 1997, S. 129 f.

152 ILSE SCHWIDETZKY u. HUBERT WALTER: Untersuchungen zur anthropologischen Gliederung Westfalens, Münster/Westf. 1967.

forderte, daß ich statt „*type*" „*morphological feature complex*" schreiben solle. Damit wäre natürlich die eigentliche Pointe der Arbeit verloren gegangen. Ich habe diese Forderungen abgelehnt und den Aufsatz an anderer Stelle veröffentlicht, in dem als „rassistisch" geltenden „Mankind Quarterly".[153] Auf solche Weise setzt sich selbst unter Anthropologen das zumindest einseitige Populationskonzept durch, ebenso wie der Glaube daran, daß an den Typen nichts dran sei.

153 ANDREAS VONDERACH: „Ethnic Anthropology of the Former East Germany (before 1945): Geographical Differentiations and Feature Correlations"; in: Mankind Quarterly 47, 2006, S. 3–39.

Ist der Rassenbegriff essentialistisch?

Das zentrale Schmähwort der Konstruktivisten in den Geistes- und Sozialwissenschaften ist „essentialistisch". Damit ist ungefähr gemeint, daß eine Sache nicht nur im Kopf der Menschen, sondern auch in der Wirklichkeit existiert. Wer glaubt, daß es Rassen und Völker wirklich gibt und daß die Geschlechter nicht nur eine konstruierte soziale Rolle, sondern eine biologische Realität sind, der ist Essentialist, was einem intellektuellen Verdammungsurteil gleichkommt. *„Jeder Rassismus ist ein Essentialismus"*, schrieb der linke Soziologe und Philosoph Pierre Bourdieu (1930–2002), der Essentialismus sei der ideologische Kern eines jeden Rassismus.[154]

Das Problem ist, daß der Begriff des Essentialismus (von lat. *essentia* = Wesen) eine sehr weit zurückreichende philosophische Tradition und bis heute zahlreiche Bedeutungswandlungen durchgemacht hat. Wenn man also wissen will, ob Rassen etwas Essentielles sind, muß man sich vorher klargemacht haben, auf welchen Essentialismusbegriff man sich bezieht. Die Macht des Essentialismusverdachts beruht nicht zuletzt auf dieser Vieldeutigkeit des Begriffs. Man kann damit jemandem etwas unterstellen, was der gar nicht meint. Viele, die mit diesem Begriff um sich werfen, wissen selbst nicht so genau, was sie damit meinen.

Der Essentialismus beruht auf der Unterscheidung zwischen dem Wesen einer Sache und ihrem Unwesentlichen, bloß Zufälligen. So zeichnet sich ein Löwe etwa durch eine bestimmte Anatomie aus, die in den wesentlichen Zügen bei allen Löwen gleich ist, während sich die realen Löwen durch anatomische Eigenheiten unterscheiden, die aber nicht wesentlich für ihr Löwe-Sein sind. Zur Artbeschreibung des Löwen gehören die wesentlichen Merkmale. Man kann sich darüber streiten, ob es diesen Allgemein- oder Begriffslöwen überhaupt gibt oder er nur eine Abstraktion ist. Die realen Löwen weisen neben allgemeinen Löweneigenschaften jedenfalls immer auch individuelle, zufällige Eigenschaften auf (wie zum Beispiel einen überzähligen Wirbel oder eine verkürzte Zehe).

---

154 Zit. n. PIERRE-ANDRÉ TAGUIEFF: „Die Macht des Vorurteils"; in: KIMMICH, LAVORANO u. BERGMANN: Was ist Rassismus, S. 32–48, hier S. 39.

In der alten idealistischen Philosophie glaubte man an eine höhere Realität solcher Essenzen im Sinne von Ideen. Diesen konnte man sich in der Wissenschaft durch Definitionen nähern, die das Wesentliche einer Essenz bestimmten. Seit Karl Poppers Wissenschaftstheorie ist man sich hingegen weitgehend darüber einig, daß Definitionen nur mehr oder weniger willkürliche Konventionen sind und mehr nicht.

Nach Auffassung der Wissenschaftsphilosophin Kirsten Schmidt gehörte für den traditionellen aristotelischen Essentialismus zu den Eigenschaften einer Essenz, daß alle und nur die Mitglieder der Essenz bestimmte Eigenschaften teilen, sowie daß diese Eigenschaften unveränderlich und ahistorisch sind.[155]

Die biologische Anthropologie kann natürlich nur von einem empirischen Rassenbegriff ausgehen, nicht von einem idealen. Geht man von dem aristotelischen Essentialismus aus, sind Rassen nicht essentiell. Rassen sind Komplexe von miteinander korrelierten Eigenschaften. Nicht jedes Individuum weist alle rassetypischen Eigenschaften auf und nicht jedes die gleichen. Außerdem sind Rassen nichts Ahistorisches, sondern unterliegen zeitlichem Wandel durch Selektion und Evolution.

Allerdings wird der Essentialismusbegriff in den heutigen Geistes- und Sozialwissenschaften kaum in diesem strengen aristotelischen Sinne gebraucht. Der wird allenfalls mit dem üblichen Essentialismusvorwurf einem Gegner, meist zu Unrecht, unterstellt.

Wenn man jedoch einen weniger strengen Essentialismusbegriff anwendet, wie er tatsächlich oft gebraucht wird, dann kann man durchaus zu der Schlußfolgerung gelangen, daß Rassen etwas Essentielles, Wesenhaftes sind.

Wenn ein auf Rassen angewandter Essentialismusbegriff bedeutet, daß es Rassen gibt, die charakteristische Eigenschaften haben, welche nicht willkürlich unterstellt, sondern miteinander korreliert sind und sie von anderen Rassen oder Populationen unterscheiden, dann sind Rassen in der Tat essentiell. Das Wesen einer Rasse besteht nämlich in dem Komplex ihrer miteinander korrelierten morphologischen, physischen, psychischen und genetischen Eigenschaften, der sie von anderen Rassen in charakteristischer Weise unterscheidet. Diese sind es auch, die die Menschen aufgrund ihrer Fähigkeit der Gestaltwahrnehmung intuitiv erfassen können. Dabei handelt es sich um nichts anderes als ein multivariates statistisches

155 KIRSTEN SCHMIDT: Was sind Gene nicht? Über die Grenzen des biologischen Essentialismus, Bielefeld 2014, S. 16 ff.

Programm in unserem Gehirn, das dem Subjekt in Sekundenschnelle nicht nur sagen kann, mit welcher Rasse er es bei einem bestimmten Menschen zu tun hat, sondern auch, mit welchem Geschlecht und in welcher Altersgruppe.[156] Es unterscheidet sich von statistischen Computerprogrammen lediglich dadurch, daß es komplexer und leistungsfähiger ist. Zu den mittels Gestaltwahrnehmung verarbeiteten Merkmalen gehören auch solche der Psyche und des Verhaltens, etwa die Mimik, der Bewegungsstil und der charakteristische Gang eines Negriden.

Das heißt nicht, daß jedes Individuum jede Eigenschaft einer Rasse in gleichem Maße besäße oder daß die verschiedenen Merkmale nur in dieser einen Rasse vorkämen. Aber jedes Individuum besitzt genug charakteristische Merkmale in charakteristischer Kombination, um es zu ermöglichen, es zu fast 100 Prozent korrekt zuzuordnen. Daß das auch anhand der nicht sichtbaren genetischen Merkmale – hier natürlich mit computergestützten Verfahren – möglich ist, zeigt, daß diese keine Ausnahme darstellen, sondern sich genauso verhalten wie die anderen Merkmale.

Die Fähigkeit zur ganzheitlichen Gestaltwahrnehmung ist auch der Grund, weshalb die Menschen bereits in vorwissenschaftlicher Zeit zu einer korrekten Rasseneinteilung der Menschheit gekommen sind. Ebenso ist sie der Grund, weshalb es empirisch und ganz im Gegensatz zum Dogma der Sozialwissenschaftler keinen Unterschied gibt zwischen der „soziologischen" und der biologischen Rasse. Die Untersuchung von Hua Tang und ihren Mitarbeitern zeigt vielmehr, daß es zwischen der Selbstzuordnung zu den ethnisch-rassischen Großgruppen in den USA und der genetischen Zugehörigkeit zu diesen eine Übereinstimmung von 99,86 Prozent gibt.[157]

Rassen sind real. Von den diesem Buch vorangestellten Rassendefinitionen ist die des Heidelberger Humangenetikers Friedrich Vogel (1925–2006) die zutreffendste. Das Wesentliche einer Rasse bildet der Komplex miteinander korrelierter Merkmale. Diese sind nicht willkürlich, sondern nachweisbar. Rassen sind weder klar voneinander abgrenzbar noch in sich homogen noch statisch, aber real und existent.

---

156 EDOUARD MACHERY u. LUC FAUCHER: „Social Construction and the Concept of Race"; in: Philosophy of Science 72, 2005, S. 1208–1219.

157 TANG, QUERTERMOUS, RODRIGUEZ et al.: „Genetic Structure, Self-Identified Race/Ethnicity, and Confounding".

Kommentierte Bibliographie

1. Übergreifende Darstellungen

1.1 STEVEN PINKER: Das unbeschriebene Blatt. Die moderne Leugnung der menschlichen Natur, Berlin 2003.
Steven Pinker ist Professor für Psychologie an der Harvard-Universität in Cambridge, Massachusetts. Darüber hinaus ist er durch seine zahlreichen populärwissenschaftlichen Artikel in der „New York Times“, dem „TIME“-Magazin und „Newsweek“ bekannt. In diesem gut lesbaren Buch zeigt er, wie Geistes- und Sozialwissenschaftler an den amerikanischen Universitäten die Ergebnisse der humanbiologischen Forschung ignorieren und statt dessen milieutheoretische Standpunkte vertreten, die seit langem widerlegt sind.

1.2 PAT SHIPMAN: Die Evolution des Rassismus. Gebrauch und Mißbrauch von Wissenschaft, Frankfurt a.M. 1995.
Anders als der Titel suggeriert, geht es in dem Buch um die Entstehung und Durchsetzung des „Antirassismus“ in der amerikanischen Anthropologie durch Männer wie Franz Boas und Ashley Montagu. Die Haltung der Autorin ist dabei durchaus kritisch den Protagonisten gegenüber. Der Betrachtungszeitraum reicht jedoch nur bis etwa 1970.

2. Die Rassen des Menschen

2.1 ILSE SCHWIDETZKY: Rassen und Rassenbildung beim Menschen. Typen, Bevölkerungen, geographische Variabilität, Stuttgart u. New York 1979.
Das schmale Buch der führenden deutschen Anthropologin Ilse Schwidetzky (1907–1997) gibt einen ausgezeichneten Überblick über den Stand der modernen Rassenforschung vor Beginn der DNS-Ära. Schwidetzky zeigt die unterschiedlichen Merkmale einschließlich der serologischen und der Hautleistenmerkmale sowie die modernen statistischen Methoden. Weiterhin geht sie in dem Buch auf die Evolutionsfaktoren der Rassenbildung, den Stand der Untersuchung und die verschiedenen Kontinente ein.

2.2 RAINER KNUSSMANN: Vergleichende Biologie des Menschen. Lehrbuch der Anthropologie und Humangenetik, 2., völlig neu bearb. Aufl., Stuttgart u. New York 1996.
Das Buch des Hamburger Anthropologen ist bis heute die beste Darstellung der gesamten Anthropologie. Das mit dem gleichen Anspruch auftretende „Vier-Frauen-Buch“ von Gisela Grupe, Kerrin Christiansen, Inge Schröder und Ursula Wittwer-Backofen („Anthropologie. Einführendes Lehrbuch“) erfüllt diesen Anspruch nicht, weil in ihm die gesamte geographische und soziale Variabilität ausgeblendet wird und der Schwerpunkt eher auf methodischen und randständigen Themen liegt. In Knußmanns Buch findet sich auf den Seiten 405 bis 449 ein Kapitel über die Rassendifferenzierung des Menschen einschließlich einer leicht modifizierten Rassengliederung nach Egon von Eickstedt.

3. Die Boas-Schule

3.1 FRANZ BOAS: Kultur und Rasse, 2., unveränd. Aufl., Berlin 1922.
Deutsche Ausgabe von Boas’ Buch „The Mind of Primitive Man“ von 1911. Der amerikanische Anthropologe Leslie Spier nannte es die *„Magna Charta der Rassengleichheit“*. Boas behauptet, alle gefundenen Unterschiede seien kulturell erklärbar, weshalb es keine kulturell relevanten Rassenunterschiede gebe.

Die neuere Boas-Literatur ist fast durchweg apologetisch und von linken Ethnologen geschrieben:

3.2 HANS-WALTER SCHMUHL (Hg.): Kulturrelativismus und Antirassismus. Der Anthropologe Franz Boas (1858–1942), Bielefeld 2009.

3.3 FRIEDRICH PÖHL u. BERNHARD TILG (Hg.): Franz Boas – Kultur, Sprache, Rasse. Wege einer antirassistischen Anthropologie, Wien u. Münster 2009.

3.4 ALEXA GEISTHÖVEL: Intelligenz und Rasse. Franz Boas’ psychologischer Antirassismus zwischen Amerika und Deutschland, 1920–1942, Bielefeld 2013.

3.5 ABRAM KARDINER u. EDWARD PREBLE: Wegbereiter der modernen Anthropologie, Frankfurt a.M. 1974.

Der Band von Kardiner und Preble enthält u.a. Kapitel über Boas und seine Schüler Alfred Louis Kroeber und Ruth Benedict.

3.6 ASHLEY MONTAGU: Man's Most Dangerous Myth. The Fallacy of Race, New York 1942.
In der während des Zweiten Weltkriegs verfaßten Schrift wendet sich Montagu gegen den biologischen Rassenbegriff, der teilweise willkürlich und tendenziell rassistisch sei. Montagu schlägt vor, ihn durch den Begriff „ethnische Gruppe" zu ersetzen.

4. Über den jüdischen Einfluß auf die Boas-Schule

4.1 LEONARD B. GLICK: „Types Distinct from Our Own: Franz Boas on Jewish Identity and Assimilation"; in: American Anthropologist 84, 1982, S. 545–565.

4.2 GELYA FRANK: „Jews, Multiculturalism, and Boasian Anthropology"; in: American Anthropologist 99, 1997, S. 731–745.
Die beiden amerikanischen Anthropologen führen Boas' Grundüberzeugungen auf seine jüdische Minderheitenerfahrung und seine Herkunft als säkularisierter, liberaler deutscher Jude zurück.

4.3 KEVIN B. MACDONALD: Die Kultur der Kritik. Eine evolutionäre Analyse jüdischer Einflüsse auf intellektuelle und politische Bewegungen des 20. Jahrhunderts, Gröditz 2013.
MacDonald sieht in der Tendenz der Juden, anderen Völkern einen radikal linken Kosmopolitismus zu predigen, eine (unbewußte) soziobiologische Strategie zur Stärkung und Erhaltung ihrer eigenen Gruppe. Er geht auch ausführlich auf die Rolle von Boas und seinen Schülern bei der Entstehung der amerikanischen Linken ein.

4.4 JOHANNES ROGALLA VON BIEBERSTEIN: „Jüdischer Bolschewismus". Mythos & Realität, Graz 2010.
Bieberstein befaßt sich in seinem Buch nicht mit der Boas-Anthropologie, spürt aber den tieferen Gründen dafür nach, warum im 20. Jahrhundert linksradikale und kommunistische Bewegungen für viele Juden so attraktiv waren.

5. Das Populationskonzept

5.1 RACHEL CASPARI: „From Types to Populations: A Century of Race, Physical Anthropology, and the American Anthropological Association“; in: American Anthropologist 105, 2003, S. 65–76.
Weitgehend unkritische Darstellung der Geschichte des Rassenbegriffs und der Durchsetzung des Populationskonzepts in der amerikanischen Anthropologie.

5.2 ERNST MAYR: Evolution und die Vielfalt des Lebens, Berlin, Heidelberg u. New York 1979.
Das Buch eines für die Durchsetzung des Populationskonzepts Mitverantwortlichen beinhaltet ein Kapitel „Typologisches Denken kontra Populationsdenken“, in dem er seine Sicht auf das Thema darstellt. Mayr führt dabei – reichlich gewagt – das „typologische Denken“ auf Platons Idealismus und das Populationskonzept auf Darwin zurück. Typen seien „Ideen“ im Sinne Platons. Das typologische Denken sei mit der Evolution nicht vereinbar. *„Da es zwischen Typen keine Übergänge gibt, ist die allmähliche Evolution für den Typologen grundsätzlich eine logische Unmöglichkeit.“* Daß die meisten typologisch arbeitenden Anthropologen Typen empirisch verstanden und es weit von sich gewiesen hätten, die Evolution auszublenden oder „Ideen“ im Sinne Platons zu propagieren, ficht Mayr ebensowenig an wie die Tatsache, daß der führende deutsche Rassentypologe, Egon von Eickstedt, Rassen 1935 als *„Individuengruppen mit Merkmalshäufungen, die in geographischer und individueller Hinsicht variieren und fluktuierende Übergänge zeigen“*, definiert hat.

5.3 ERNST MAYR: Konzepte der Biologie, Stuttgart 2005.
In dem Buch, das eine Zusammenstellung an anderer Stelle veröffentlichter Essays von Mayr ist, äußert er sich auch immer wieder zum Thema Typus/Population. Das Denken in Typen statt in Populationen sei *„eine der Hauptursachen für Rassismus“*.

5.4 FRANK B. LIVINGSTONE: „On the Non-Existence of Human Races“; in: Current Anthropology 3, 1962, S. 279 ff.
Bekannter Aufsatz des amerikanischen Anthropologen, in dem er behauptet, es gebe keine Rassen, sondern nur kontinuierliche Merkmalsgradienten: *„there are no races, there are only clines.“*

5.5 EDWARD O. WILSON u. W.L. BROWN, JR.: „The Subspecies Concept and its Taxonomic Application“, in: Systematic Biology 2, 1953, S. 97–111.
Die beiden Zoologen zogen aus dem sich gerade durchsetzenden Populationskonzept der „Neuen Systematik“ die Konsequenz, wegen seiner vermeintlichen Willkürlichkeit auf den Subspeziesbegriff (in der Zoologie) zu verzichten. Diese Position wird bis heute von einer Minderheit der Zoologen geteilt, hat sich aber nicht allgemein durchgesetzt.

6. Die 75-Prozent-Regel

6.1 VIRENDRA P. CHOPRA u. ILSE SCHWIDETZKY: „Quantitative Rassen-Systematik“; in: Homo 21, 1970, S. 40–46.
Der deutsch-indische Anthropologe Virendra Chopra und Ilse Schwidetzky überprüfen anhand von sieben Kopf- und Gesichtsmaßen von weltweit 27 Populationen die 75-Prozent-Regel beim Menschen. Ihr Ergebnis ist, daß die 75-Prozent-Schwelle überall erreicht wird, wo nach traditioneller Auffassung Rassenunterschiede vorliegen. Die Trennwerte aller Populationen liegen zwischen 61,8 und 100 Prozent.

6.2 SHOMARKA O.Y. KEITA: „The Subspecies Concept in Zoology and Anthropology: A Brief Historical Review and Test of a Classification Scheme“; in: Journal of Black Studies 23, 1993, S. 416–445.
Der Autor, ein an der privaten American University in Washington, D.C. lehrender schwarzer Anthropologe, gibt einen historischen Überblick über den Subspezies-Begriff in der Zoologie. Danach soll sich in der Zoologie nach Ernst Mayrs „Principles of Systematic Zoology“ (1969) eine 90-Prozent-Regel richtig zugeordneter Individuen durchgesetzt haben. 90 Prozent entsprechen einem Differenzquotienten von 1,28 in der Diskriminanzanalyse. Davon ausgehend, wendet Keita sich dem Menschen zu. Er zeigt anhand des Schädelmaterials von William W. Howells („Cranial Variation in Man“, 1973) und serologischer Daten, daß die 1,28-Schwelle beim Vergleich von sechs Populationen unterschiedlicher Rassen (europid, negrid, mongolid, indianid, australid, melanesid) zwar mehrfach, aber nicht durchgängig überschritten wird.

6.3 MICHAEL J. BAMSHAD, STEPHEN WOODING, LYNN B. JORDE et al.: „Human Population Genetic Structure and Inference of Group

Membership“; in: American Journal of Human Genetics 72, 2003, S. 578–589.
Untersuchung von 100 Alu-Polymorphismen (einer Form von kurzen, sich wiederholenden, nicht codierenden DNS-Sequenzen) und 60 STRs (*Short tandem repeats*; kurze, nicht codierende DNS-Sequenzen von zwei bis sechs Basenpaaren) an 565 bzw. 200 Individuen aus Afrika, Asien und Europa; gute Übereinstimmung mit der traditionellen Rassengliederung. Schon 60 Polymorphismen reichen für eine richtige Zuordnung von 90 Prozent und 100 Polymorphismen für eine von 99 bis 100 Prozent der Individuen.

6.4 JINCHUAN XING, W. SCOTT WATKINS, LYNN B. JORDE et al.: „Fine-scaled human genetic structure revealed by SNP microarrays“; in: Genome Research 19, 2009, S. 815–825.
Genomweite Daten (240 SNPs) erlauben die korrekte Zuordnung von 554 Individuen zu den Großrassen (und in Indien zu verschiedenen Kasten und der Stammesbevölkerung).

6.5 HUA TANG, T. QUERTERMOUS, B. RODRIGEZ u. a.: „Genetic Structure, Self-Identified Race/Ethnicity, and Confounding in Case-Control Association Studies“; in: American Journal of Human Genetics 76, 2005, S. 268–275.
Untersuchung von 236 DNS-Polymorphismen von 3636 Probanden aus 15 verschiedenen Orten in den USA und Taiwan. Es ergab sich, daß die ethnische/rassische Selbstzuordnung (weiß, afrikanisch, ostasiatisch und hispanisch) zu 99,86 Prozent mit der genetischen Clusterzugehörigkeit übereinstimmt. Das widerlegt nebenbei die schon seit langem und oft von Sozialwissenschaftlern vorgebrachte Behauptung, die „soziale“ Rasse habe mit der biologischen nichts zu tun.

6.6 DAVID J. WITHERSPOON, STEPHEN WOODING, LYNN B. JORDE et al.: „Genetic Similarities Within and Between Human Populations“; in: Genetics 176, 2007, S. 351–359.
Die Autoren zeigen, daß es – anders als lange von Rassengegnern behauptet – nicht möglich ist, daß ein Individuum einer Rasse einem Individuum einer anderen Rasse genetisch ähnlicher ist als einem anderen Individuum der eigenen Rasse.

7. Lewontins Variabilitätsargument

7.1 RICHARD C. LEWONTIN: „The Apportionment of Human Diversity“; in: Evolutionary Biology 6, 1972, S. 381–398.
Noch heute oft zitierter Aufsatz von Richard Lewontin, in dem dieser aufgrund einer Analyse der Verteilung von 17 serologischen Systemen in sechs verschiedenen Weltregionen den Anteil, den die Unterschiede zwischen den verschiedenen Rassen des Menschen an der genetischen Gesamtvariabilität des Menschen betragen, berechnet. Sein Ergebnis ist, daß 85 Prozent der Gesamtvariabilität zwischen den Individuen innerhalb einer Rasse oder Population bestehen und nur 15 Prozent zwischen den Rassen und Populationen. Das Ergebnis wurde bis heute durch zahlreiche andere Untersuchungen auch anhand von DNS-Merkmalen bestätigt. Es stellt neben der allgemeinen konstruktivistischen Argumentation („Rassen sind soziale Konstrukte“) das Hauptargument der Rassenleugner dar.

7.2 ALAN R. TEMPLETON: „Human Races: A Genetic and Evolutionary Perspective“; in: American Anthropologist 100, 1999, S. 632–650.
Templeton vergleicht in diesem Aufsatz die FST-Werte für DNS-Polymorphismen des Menschen (aus Barbujani u.a. 1997) mit denen von zwölf Tierarten. Mit nur zwei Ausnahmen ist der FST-Wert aller Tierarten teilweise erheblich höher als der des Menschen. Indem er die klassische 75-Prozent-Regel der richtigen Zuordnung der Individuen (höchstens 25 Prozent Fehlzuordnungen) kommentarlos auf den FST-Index überträgt (mindestens 25 Prozent der Gesamtvariabilität), kommt er zu dem Schluß, daß es beim Menschen (15,5 Prozent) keine Subspezies oder Rassen gebe.

8. FST-Werte beim Menschen

8.1 GUIDO BARBUJANI, ARIANNA MAGAGNI, ERIC MINCH u. L.L. CAVALLI-SFORZA: „An apportionment of human DNA diversity“; in: Proceedings of the National Academy of the USA 94, 1997, S. 4516–4519.
Vielzitierte Studie aufgrund von 109 DNS-Polymorphismen für weltweit 16 Populationen mit der gleichen statistischen Methode, wie sie Lewontin in seinem einflußreichen Aufsatz von 1972 anwandte. Danach beruhen 84,4 Prozent der Gesamtvariabilität

auf Unterschieden innerhalb der Rassen und 15,5 Prozent auf Unterschieden zwischen den Populationen und Rassen, also praktisch das gleiche Ergebnis wie bei Lewontin.

8.2 RYAN A. BROWN u. GEORGE J. ARMELAGOS: „Apportionment of Racial Diversity: A Review“; in: Evolutionary Anthropology 10, 2001, S. 34–40.
Enthält FST-Werte der Großrassen für verschiedene serologische und genetische Merkmalgruppen aus der Literatur.

8.3 ERAN ELHAIK: „Empirical Distribution of FST from Large-Scale Human Polymorphism Data“; in: PLoS ONE 7, 2012, e49837.
Der amerikanische Genetiker Eran Elhaik kommt bei einer genomweiten Auswertung von drei Millionen SNPs von acht Populationen aus allen Erdteilen zu einem FST-Wert von zwölf Prozent zwischen den Großrassen.

8.4 LYNN B. JORDE, W. SCOTT WATKINS, M.E. DIXON et al.: „The Distribution of Human Genetic Diversity: A Comparison of Mitochondrial, Autosomal, and Y-Chromosome Data“; in: American Journal of Human Genetics 66, 2000, S. 979–988.
Weltweiter Vergleich der Verteilung verschiedener DNS-Merkmale; GST-Werte (entsprechen FST-Werten) für die verschiedenen Merkmalsarten. Die Werte für mtDNS und Y-DNS sind zwei- bis dreimal so hoch wie für die autosomale DNS. Das liegt daran, daß mtDNS und Y-DNS als nur mütterlicher- bzw. väterlicherseits vererbt nicht der sexuellen Neukombination unterliegen und ihre effektive Populationsgröße geringer ist, weshalb sie einem wesentlich größeren Zufallseinfluß (Gendrift) ausgesetzt sind.

9. Gegner von Lewontins Variabilitätsargument

9.1 A. W. F. EDWARDS: „Human genetic diversity: Lewontin's Fallacy“; in: BioEssays 25, 2003, S. 789–801.
Richtungweisender Aufsatz des britischen Genetikers und Evolutionsbiologen A. W. F. Edwards. Er kritisiert an Lewontins einflußreichem Aufsatz „On the Non-Existence of Human Races“ von 1972, daß dieser die Korrelationen unter den Merkmalen unterschlägt. Berücksichtigt man diese, sind die Individuen ihren (ethnischen/rassischen) Gruppen sehr genau zuzuordnen. Es sei falsch, daß ein Individuum einem aus einer anderen Rasse genetisch ähnlicher sein könne als einem anderen aus der eigenen Rasse. Edwards

Aufsatz löste die verbreitete Kritik am „Variabilitätsargument" Lewontins aus und steht am Beginn des sogenannten Rassenrealismus in den USA und Großbritannien.

9.2 JEFFREY C. LONG u. RICK A. KITTLES: „Human Genetic Diversity and the Nonexistence of Biological Races"; in: Human Biology 75, 2003, S. 449–471.
Die beiden Autoren üben eine fundierte Kritik am Fixationsindex, auf dem das „Variabilitätsargument" beruht. Sie zeigen, daß die relativ niedrigen Werte des FST-Index in dessen mathematischer Struktur begründet liegen, er aber andererseits beim Erkennen von Speziesunterschieden – etwa zwischen Menschen und Schimpansen – versagt. Long und Kittles kommen zu dem Schluß, daß der immer wieder bestätigte Befund Lewontins, daß die Variabilität zwischen den menschlichen Rassen nur zehn bis 15 Prozent der Gesamtvariabilität der Menschheit betrage, als ein statistisches Artefakt anzusehen ist.

9.3 MICHAEL A. WOODLEY OF MENIE: „Is Homo sapiens polytypic? Human taxonomic diversity and its implications"; in: Medical Hypotheses 74, 2009, S. 195–201.
Woodley of Menie setzt sich kritisch mit dem Variabilitätsargument nach Lewontin auseinander und zeigt, daß die morphologischen und genetischen Unterschiede zwischen den Rassen des Menschen im Vergleich zu verschiedenen Tierarten eher besonders groß sind.

9.4 JEFFRY B. MITTON: „Genetic Differentiation of Races of Man as Judged by Single-Locus and Multilocus Analyses"; in: The American Naturalist 111, 1977, S. 203–212.
Der Biologe Jeffry B. Mitton kritisiert die von Lewontin in dessen Aufsatz „On the Non-Existence of Human Races" (1972) angewandte statistische Methode. Bei diesem Verfahren ist es möglich, daß zwei sich dramatisch unterscheidende Populationen trotzdem durch den gleichen Differenzwert ausgedrückt werden, womit ein erheblicher Teil der Differenz verlorengeht.

9.5 RYAN FAULK: „Variation Within and Between Races", thealternativehypothesis.org vom 15. April 2016.
Der Autor verweist auf wichtige Unstimmigkeiten in Templetons Aufsatz im „American Anthropologist" (1999).

10. Der Rassenrealismus

10.1 ROGER PEARSON: „The Debate on Race: A Problem of Semantics Rather than Biology"; in: Mankind Quarterly 42, 2002, S. 419–440.
Roger Pearson (geb. 1927), langjähriger Chefredakteur des „Mankind Quarterly", vertritt die Ansicht, daß es in der Debatte über den Rassenbegriff zahlreiche Irrtümer über das Verständnis bestimmter Begriffe gibt.

10.2 JAMES F. CROW: „Unequal by Nature: A Geneticist's Perspective on Human Differences"; in: Daedalus 131, 2002, S. 81–88.
Der amerikanische Genetiker James F. Crow betont in der Zeitschrift der American Academy of Arts and Sciences (Cambridge, Massachusetts) die Unterschiede zwischen den Völkern, die sich auch auf ihre Begabungen beziehen. So stellen Ostasiaten nur zwölf Prozent der Bevölkerung Kaliforniens, aber 45 Prozent der Studenten an der Universität von Kalifornien in Berkeley.

10.3 MICHAEL LEVIN: „Race Unreal?"; in: Mankind Quarterly 42, 2002, S. 413–417.
Levin verteidigt den Rassenbegriff einschließlich der damit verbundenen IQ-Unterschiede.

10.4 J.W. JAMIESON: „The Reality of Race: Contra Biondi and Rickards"; in: Mankind Quarterly 42, 2002, S. 389–406.
Entgegnung auf den Aufsatz von Biondi und Rickards im „Mankind Quarterly". Jamieson weist die Argumente der beiden zurück, wobei er ausführlich auf die marxistischen Ursprünge des „Antirassismus" eingeht und darauf verweist, daß die geographische Verteilung der serologischen und genetischen Merkmale die Rassengliederung eher bestätige.

10.5 VINCENT SARICH u. FRANK MIELE: Race. The Reality of Human Differences, New York 2004.
Der amerikanische Anthropologe Vincent Sarich (1934–2012) und der Journalist Frank Miele (geb. 1948) weisen die in Amerika vorherrschende Auffassung von der Nichtexistenz und Bedeutungslosigkeit der Rassen mit Hilfe der modernen Naturwissenschaft in ihre Grenzen. Sie zeigen, daß die Rassen schon in den alten Kulturen einschließlich Chinas und des Islams bekannt waren und keine Erfindung der europäischen Neuzeit sind. Die Autoren brin-

gen zahlreiche Belege dafür vor, daß Rassen existieren und sich in genetisch relevanter Weise voneinander unterscheiden. Sie berücksichtigen auch die psychologischen und kognitiven Unterschiede. Das Buch enthält viele wichtige Informationen.

10.6 NEVEN SESARDIC: „Race: A Social Destruction of a Biological Concept"; in: Biology and Philosophy 25, 2010, S. 143–162.

10.7 NEVEN SESARDIC: „Confusions about Race: A new installment"; in: Studies in History and Philosophy of Biological and Biomedical Sciences 44, 2013, S. 287–293.
Der kroatische Wissenschaftsphilosoph Neven Sesardic ist ein bekannter Verteidiger des Rassenbegriffs in unserer Zeit. Seine Schriften enthalten wichtige Argumente.

11. Gegner des Rassenrealismus

11.1 RICHARD C. LEWONTIN, STEVEN ROSE u. LEON J. KAMIN: Die Gene sind es nicht ... Biologie, Ideologie und menschliche Natur, München 1987.
Das in der amerikanischen Erstausgabe 1984 erschiene Buch („*Not in Our Genes*") der drei führenden Mitglieder von „Science for the People" ist im marxistischen Stil verfaßt und vertritt eine orthodoxe Milieutheorie. Es ist gegen den „biologischen Determinismus" gerichtet, der eine Ideologie der bürgerlichen Klasse sei, um ihre Herrschaft über die Unterprivilegierten zu rechtfertigen. Zum „biologischen Determinismus" gehörten die Erblichkeit des IQ einschließlich der sozialen Unterschiede, die biologischen Geschlechterunterschiede zur Rechtfertigung des „Patriarchats", die Erblichkeit von Geisteskrankheiten wie der Schizophrenie sowie die Soziobiologie. Die Rassenunterschiede nehmen in dem Buch nur wenig Raum ein. Die Autoren vertreten das Populationskonzept. Weil die Blutgruppen und andere serologische Systeme sich ungleichmäßig über verschiedene Populationen derselben Rasse verteilen, seien die konventionellen Rasseneinteilungen willkürlich und außerdem die Unterschiede zwischen den Rassen im Vergleich zu jenen innerhalb von diesen „*unerheblich*". Die rassischen Unterschiede reichten „*tatsächlich nicht unter die Haut*". Die bekannte Frage von A.R. Jensen: „*Wie sehr können wir IQ und Schulleistungen steigern?*", beantworten Lewontin, Rose und Kamin wie folgt: „*So sehr, wie es die gesellschaftliche Organisation*

zuläßt. Die Biologie steht uns dabei nicht im Wege." Das scheinen viele Linke auch heute noch zu glauben.

11.2 GIANFRANCO BIONDI u. OLGA RICKARDS: „The Scientific Fallacy of the Human Biological Concept of Race"; in: Mankind Quarterly 42, 2002, S. 355–388.
Die Autoren präsentieren anhand der wichtigsten, auch schon historischen Literatur einen ausführlichen Überblick über die Argumente, weshalb es beim Menschen keine Rassen geben soll. Im „Mankind Quarterly" erscheinen häufig Artikel von Gegnern des Rassenbegriffs, während Befürworter desselben in der wissenschaftlichen Mainstreampresse nur selten geduldet werden.

11.3 ADAM HOCHMAN: „Against the New Racial Naturalism"; in: The Journal of Philosophy 110, 2013, S. 331–351.
Der jüdische, auf Rasse spezialisierte australische Philosoph Adam Hochman ist der Meinung, daß die Rassenunterschiede beim Menschen nur oberflächlicher Art seien und die genetischen Unterschiede die Anwendung des Begriffs der Subspezies (= Rasse) auf den Menschen nicht rechtfertigten.

12. Die genetische Clustergliederung der Menschheit

12.1 LUIGI LUCA CAVALLI-SFORZA, PAOLO MENOZZI u. ALBERTO PIAZZA: The History and Geography of Human Genes, gek. Taschenbuchausg., Princeton 1996.
Opulente Auswertung des gesamten serologischen Datenmaterials mit Hilfe von Hauptkomponentenanalysen. Bestätigung der Großrassen und verschiedener anderer Gruppen.

12.2 NOAH A. ROSENBERG, JONATHAN K. PRITCHARD, JAMES L. WEBER et al.: „Genetic Structure of Human Populations"; in: Science 298, 2002, S. 2381–2385.
Rosenberg und seine Kollegen untersuchen in dieser Studie in der führenden Wissenschaftszeitschrift „Science" die genetische Variabilität von 52 weltweit verteilten Populationen anhand von 377 autosomalen Polymorphismen (Mikrosatelliten). Der Aufsatz fand große Aufmerksamkeit, weil die Autoren zu einer den konventionellen Rassen ähnlichen Clustergliederung der Populationen kamen.

12.3 NOAH A. ROSENBERG, SAURABH MAHAJAN, CHENGFENG ZHAO, JONATHAN PRITCHARD u. MARCUS W. FELDMAN: „Clines, Clusters, and the Effect of Study Design on the Inference of Human Population Structure“; in: PLoS Genetics 1, 2005, e70.
Rosenberg und seine Kollegen bestätigen anhand von umfangreicherem Material die Ergebnisse der Studie von 2002 und daß die Clustergliederung kein zufälliges Artefakt ist, sondern trotz kontinuierlicher Verteilung der verschiedenen Allele die genetische Differenzierung wiedergibt.

12.4 MATTIAS JAKOBSSON, NOAH A. ROSENBERG, ANDREW B. SINGLETON et al.: „Genotype, haplotype and copy-number variation in worldwide human populations“; in: Nature 451, 2008, S. 998–1003.
Genomweite Untersuchung von Noah A. Rosenberg und seinen Mitarbeitern an 525.910 SNPs und 396 CNVs (*Copy number variants*, Kopienzahlvariationen) von weltweit 29 Populationen. Die Verteilung der CNVs bestätigt im wesentlichen die anhand der SNPs gewonnene (Rosenberg u.a. 2002).

12.5 NOAH A. ROSENBERG: „A Population-Genetic Perspective on the Similarities and Differences Among Worldwide Human Populations“; in: Human Biology 83, 2011, S. 659–684.
Untersuchung über die Weltverteilung der genetischen Merkmale des Menschen, unter anderem über die Rassengliederung und die Zahl der „privaten“ Allele, also solcher, die nur in einer bestimmten Weltregion vorkommen.

12.6 NARUYA SAITOU: „A Genetic Affinity Analysis of Human Population“; in: Human Evolution 10, 1995, S. 17–33.
Der japanische Genetiker kommt mit serologischen Merkmalen (Blutgruppen usw.) von 48 Stichproben aus Asien, Ozeanien und beiden Amerika zu einer der konventionellen Rassengliederung entsprechenden Clusterbildung.

12.7 ADAM AUTON, KATARZYNA BRYC, ADAM R. BOYKO et al.: „Global distribution of genomic diversity underscores rich complex history of continental human populations“; in: Genome Research 19, 2009, S. 795–803.
Die genomweite Untersuchung von 443.434 SNPs an 3845 Individuen von vier Kontinenten bestätigt die konventionelle Gliederung in Großrassen sowie einen Nord-Süd-Gradienten in Europa.

12.8 JUN Z. LI, HUAN TANG, RICHARD M. MYERS et al.: „Worldwide Human Relationships Inferred from Genome-Wide Patterns of Variation“; in: Science 319, 2008, S. 1100–1104.
Genomweite Daten (650.000 SNPs) von weltweit 51 Populationen bestätigen die traditionelle Rassengliederung, wobei auch die östlichen Europiden (Pakistan und Indien) einen eigenen Cluster bilden.

12.9 DAVID LÓPEZ HERRÁEZ, MARC BAUCHET, MARK STONEKING et al.: „Genetic Variation and Recent Positive Selection in Worldwide Human Populations: Evidence from Nearly 1 Million SNPs“; in: PLoS ONE 4, 2009, e7888.
Genomweite Untersuchung aufgrund von über 950.000 SNPs von jeweils fünf Individuen aus 51 Populationen. Gute Übereinstimmung mit ethnisch-rassischen Gruppen. Identifikation von mehreren Kandidatengenen für Stoffwechselvorgänge, das Nervensystem sowie die Kleinwüchsigkeit der afrikanischen Pygmäen. (Dabei handelt es sich in der Regel nicht um die Gene selbst, sondern in der Nachbarschaft von codierenden Genen liegende SNPs. Ob es sich wirklich um die entsprechenden Gene handelt, muß durch Assoziationsstudien geprüft werden.)

12.10 LYNN B. JORDE u. STEPHEN P. WOODING: „Genetic variation, classification and ‚race‘“; in: Nature Genetics 36, 2004, S28–S33.
Auswertung eines weltweiten Datensatzes von DNS-Polymorphismen mit dem Neighbor-Joining-Verfahren. Die gebildeten Gruppierungen entsprechen der traditionellen Rassengliederung.

13. Gegner der genetischen Clustergliederung

13.1 DAVID SERRE u. SVANTE PÄÄBO: „Evidence for Gradients of Human Genetic Diversity Within and Among Continents”, in: Genome Research 14, 2004, S. 1679–1685.
Der Aufsatz ist als Widerlegung der den Großrassen entsprechenden Clustergliederung Rosenbergs gedacht, bestätigt aber eher die traditionelle Rassengliederung. Wichtig ist, daß Serre und Pääbo die Kalkulation Harpendings bestätigen, daß etwa ein Drittel der genetischen Variabilität innerhalb der Individuen besteht.

13.2 GUIDO BARBUJANI, ELISE M.S. BELLE: „Genomic Boundaries between Human Populations“; in: Human Heredity 61, 2006, S. 15–21.

Guido Barbujani, ein Schüler von Luigi Luca Cavalli-Sforza, berechnet an dem Material von Noah A. Rosenberg (2002) das weltweite Auftreten genetischer Grenzen (Zonen mit recht abruptem Wechsel in der Verteilung von Genfrequenzen). Obwohl die Ergebnisse sehr gut der traditionellen Rassengliederung entsprechen, sieht er in dem Ergebnis eine Relativierung der Clustergliederung Rosenbergs.

13.3 MELISSA WILLS: „Are Clusters Races? A Discussion of the Rhetorical Appropriation of Rosenberg et al.'s ‚Genetic Structure of Human Populations'"; in: Philosophy, Theory, and Practice in Biology 9, 2017, S. 1–24.
Die kalifornische Anglistin kritisiert den Rosenberg-Artikel von 2002; dieser täusche sprachlich und durch die Unterscheidung der Cluster eine genetische Verschiedenheit vor, die es in diesem Ausmaß nicht gebe.

14. Verteidiger des Typuskonzepts

14.1 ILSE SCHWIDETZKY: „Typensysteme als heuristische Methode"; in: Homo 1, 1949/50, S. 149–154.
Schwidetzky rechtfertigt in diesem Aufsatz aufgrund von Erfahrungen aus der Rassenuntersuchung Schlesiens (RUS) die Anwendung des typologischen Verfahrens nach von Eickstedt. Danach sind Typen zunächst einmal ein deskriptives System, keine Genanalyse der Person, die in großen Felduntersuchungen sowieso nicht möglich ist. Die Berechtigung eines Typensystems erweist sich in seiner Bewährung als Ordnungsschema. So ergaben die Karten der Typen in Schlesien eine sehr viel klarere geographische Gliederung als die bloßen Merkmalskarten, die zum Teil recht wirre Bilder zeigten. Durch die Anwendung des Typensystems werden gerade auch die Abweichungen von den vorgegebenen Typen erkennbar, etwa der schlesische Regionaltypus oder verschiedene Sozialtypen. So weichen alle Schlesier gleich welchen Rassentypus in eine bestimmte Richtung ab, oder alle sozialen Aufsteiger gleich welchen Typs. Das Typensystem hat sich als brauchbar erwiesen.

14.2 EIKE-MEINRAD WINKLER: „Ethnos, Kultur, Rasse – Realität oder Fiktion?"; in: ERHARD OESER u. ELFRIEDE MARIA BONET (Hg.): Das Realismusproblem, Wien 1988, S. 271–287.

Der verdiente Wiener Anthropologe Eike-Meinrad Winkler (1948–1994) verteidigt den Realitätsgehalt der Kollektivbegriffe Ethnos, Kultur und Rasse und weist dabei mehrere der (älteren) Argumente der Rassengegner zurück. Er verteidigt auch den typologischen Rassenbegriff gegen überzogene und unsachgemäße Kritik. Der Herausgeber des Sammelbands hielt es für nötig, sich in einem dem Aufsatz vorangestellten Text von Winklers Text zu distanzieren.

14.3 FRIEDRICH W. RÖSING: Qubbet el-Hawa und Elephantine. Zur Bevölkerungsgeschichte von Ägypten, Stuttgart u. New York 1990.
In den einleitenden Kapiteln des Buches, einer Untersuchung einer altägyptischen Skelettserie, findet sich auch eine differenzierte Stellungnahme zu dem Typus/Population-Gegensatz.

14.4 PETER SCHRÖTER: „Anthropologischer Bericht über kaiserzeitliche Körperbestattungen von Seebruck und Poing"; in: PETER FASOLD (Hg.): Das römisch-nordische Gräberfeld von Seebruck-Bedaium, Kallmünz/Opf. 1993, S. 121–144.
Der Aufsatz von Schröter enthält einen Exkurs „Eine Lanze für die Kraniotypologie" (S. 128–133). Darin setzt Schröter sich vor allem mit der vorgeblichen historischen Belastung der Typologie auseinander. Die Klassifikation rezenter und älterer Populationen sei grundsätzlich ein legitimes Anliegen der Anthropologie. Die verschiedenen an vor- und frühgeschichtlichen Schädeln beschriebenen Typen hätten nach wie vor einen deskriptiven Aussagewert, der nicht allein durch (die inzwischen ebenfalls verpönte, A.V.) Kraniometrie ersetzt werden könne.

15. Der Niedergang des Rassenbegriffs in der Anthropologie

15.1 LEONARD LIEBERMAN u. LARRY T. REYNOLDS: „The Debate over Race Revisited: An Empirical Investigation"; in: Phylon 39, 1978, S. 333–343.
Enthält eine Umfrage unter amerikanischen Anthropologen zum Rassenbegriff. 90 Anhängern des Rassenbegriffs stehen 51 Gegner gegenüber. Interessant ist die Aufschlüsselung nach der sozialen Herkunft der Anthropologen. Bei den Anhängern des Rassenbegriffs überwiegen Angehörige der sozial gehobenen Schichten und bei den Gegnern Angehörige der Unterschichten und Einwanderer.

Die Rücksendequote der Umfrage betrug allerdings nur 55 Prozent.

15.2 LEONARD LIEBERMAN, KATARZYNA A. KASZYCKA, ANTONIO J. MARTINEZ FUENTES et al.: „The Race Concept in Six Regions: Variation Without Consensus"; in: Collegium Antropologicum 28, 2004, S. 907–921.
Auswertung von mehreren Umfragen unter Anthropologen in verschiedenen Ländern. Sie zeigt, wie der Rassenbegriff seit den 1970er Jahren in Amerika immer mehr in die Defensive geriet und heute dort und in den west- und mitteleuropäischen Ländern fast völlig tabuisiert ist, während die Anthropologen in Rußland und Asien an ihm festhalten.

15.3 ALICE LITTLEFIELD, LEONARD LIEBERMAN, LARRY T. REYNOLDS et al.: „Redefining Race: The Potential Demise of a Concept in Physical Anthropology"; in: Current Anthropology 23, 1982, S. 641–655.
Die Autoren untersuchen die amerikanischen Anthropologie-Lehrbücher aus acht verschiedenen Zeitabschnitten von 1932 bis 1979 daraufhin, ob die Existenz von Rassen beim Menschen angenommen oder abgestritten wird. Mit der Zeit verschwindet der Rassenbegriff immer mehr aus der Lehre.

15.4 HOLLE GREIL u. GISELA GRUPE: „Geschichte der Gesellschaft für Anthropologie e.V."; in: GISELA GRUPE, GEORGE MCGLYNN u. JORIS PETERS (Hg.): Beiträge zur Anthropologie und Paläoanatomie, Rahden/Westf. 2013, S. 25–78.
Darstellung der Entwicklung der deutschen Anthropologie in den letzten Jahrzehnten aus linker, opportunistischer Sicht durch zwei überangepaßte Anthropologinnen.

16. Rasse und Medizin

16.1 SALLY SATEL: PC, M.D. How Political Correctness is Corrupting Medicine, New York 2000.
Die amerikanische Psychiaterin aus Washington, D.C. plädiert dafür, offen über medizinisch relevante Rassenunterschiede zu sprechen, weil dadurch Leben gerettet werden können.

16.2 JÖRG BLECH: „Die neue Rassendebatte"; in: Der Spiegel 17/2004, S. 186–188.

„Spiegel"-Artikel zur Diskussion über rassenspezifische Medizin in den USA mit einigen Details.

16.3 CONSTANCE HOLDEN: „Race and Medicine. Genetic studies of population differences, although controversial, promise clues to disease as well as new drug targets, scientists believe"; in: Science 302, 2003, S. 594 ff.
Überblick über die Forschungen in den USA zu medizinisch relevanten Rassenunterschieden zu Beginn der dortigen Diskussion über rassenspezifische Medikamente.

16.4 NEIL RISCH, ESTEBAN BURCHARD, ELAD ZIV u. HUA TANG: „Categorization of humans in biomedical research: genes, race and disease"; in: Genome Biology 3, 2002, S. 1–11.

16.5 JOANNA L. MOUNTAIN u. NEIL RISCH: „Assessing genetic contributions to phenotypic differences among ‚racial' and ‚ethnic' groups"; in: Nature Genetics 36, 2004 (Supplement), S. S48–S53.
Der Epidemiologe Neil Risch und seine Mitarbeiter verweisen darauf, daß mit der klassischen Rassengliederung nicht nur genetische Merkmale korreliert sind, sondern auch komplexe Erbkrankheiten und Verhaltensmerkmale wie das Dopamin-Rezeptor-Gen 4 (DRD4). Sie vermuten, daß dies auch für weitere, noch ungeklärte Merkmale gilt, und befürworten daher, in der medizinischen Forschung auch die Rassenzugehörigkeit zu berücksichtigen.

17. Psychologische Rassenunterschiede

17.1 DANIEL G. FREEDMAN u. NINA CHINN FREEDMAN: „Behavioral Differences between Chinese-American and European-American Newborns"; in: Nature 224, 1969, S. 1227.

17.2 DANIEL G. FREEDMAN: Human Infancy. An Evolutionary Perspective, New Jersey 1974.

17.3 DANIEL G. FREEDMAN: „Ethnic Differences in Babies"; in: LAURENCE DUNDES (Hg.): The Manner Born. Birth Rites in Cross-Cultural Perspective, Walnut Creek 2003, S. 221–229.
Die Untersuchungen von Daniel G. Freedman an Neugeborenen in den ersten 48 Stunden nach der Geburt mit Provokationstests und ähnlichem belegen die Temperamentsunterschiede zwischen den Rassen des Menschen.

17.4 RICHARD LYNN: Race Differences in Intelligence. An Evolutionary Analysis, 2., durchges. Aufl., Arlington 2015.
Standardwerk des britischen Intelligenzforschers Richard Lynn, in dem er die vorhandenen IQ-Daten für die verschiedenen Länder und ethnischen Gruppen der Erde einschließlich der Unterschiede im verbalen und räumlichen IQ vorstellt. In weiteren Kapiteln behandelt Lynn die Zuverlässigkeit der Testergebnisse, die Frage ihrer Heritabilität und schließlich die Evolution der Intelligenzunterschiede in der Menschheitsgeschichte. Lynn führt die bessere Intelligenz der nördlicheren Rassen (weiße Europide, sinide Mongolide) auf die selektiven Anforderungen des Eiszeitklimas zurück. Das Buch enthält eine Weltkarte des IQ der autochthonen Bevölkerungen.

17.5 JOHN HAWKS, ERIC T. WANG, GREGORY COCHRAN et al.: „Recent Acceleration of Human Adaptive Evolution"; in: Proceedings of the National Academy of Science of the USA 104, 2007, S. 20753–20758.
Vorstellung molekulargenetischer Hinweise auf eine Beschleunigung der Selektion im menschlichen Genom in den letzten 50.000 Jahren und insbesondere seit der letzten Eiszeit vor 10.000 Jahren. Etwa sieben Prozent der Gene sind betroffen, darunter viele, die für das Gehirn und das Nervensystem wichtig sind. Vier Fünftel der in dieser Zeit evoluierten Gene sind rassenspezifisch, und nur ein Fünftel betrifft alle Menschen. Diese Veränderungen finden sich vor allem bei Europäern und Ostasiaten, weniger bei Afrikanern.

17.6 FONG-MING CHANG, JUDITH R. KIDD, KENNETH J. LIVAK, ANDREW J. PAKSTIS u. KENNETH H. KIDD: „The world-wide distribution of allele frequencies at the human dopamine D4 receptor locus"; in: Human Genetics 98, 1996, S. 91–101.

17.7 CHUANSHENG CHEN, MICHAEL L. BURTON, ELLEN GREENBERGER u. JULIA DMITRIEVA: „Population Migration and the Variation of Dopamine D4 Receptor (DRD4) Allele Frequencies around the Globe"; in: Evolution and Human Behavior 20, 1999, S. 309–324.
Diese Aufsätze beinhalten die Weltverteilung des Dopamin-Rezeptor-Gens 4 (DRD4).

17.8 KEVIN M. BEAVER, JOHN PAUL WRIGHT, B. BOUTWELL et al.: „Exploring the association between the 2-repeat allele of the

MAOA gene promoter polymorphism and psychopathic personality traits, arrests, incarceration, and lifetime antisocial behavior“; in: Personality and Individual Differences 54, 2013, S. 164–168.
Träger des 2er-Allels des Monoaminooxidase-A-Gens (MAOA), das mit Impulsivität und Gewalttätigkeit korreliert ist, sind unter amerikanischen Gefängnisinsassen stark überrepräsentiert.

17.9 A.E. EL-TARRAS, A.A. ALUSULAIMANI, N.S. AWAD, et al.: „Association study between the dopamine-related candidate gene polymorphisms and ADHD among Saudi Arabia population via PCR technique“; in: Molecular Biology Reports 39, 2012, S. 11081–11086.
Der Studie zufolge finde sich die weltweit mit Abstand höchste Frequenz (15,6 Prozent) des MAOA-2r-Gens in Saudi-Arabien.

17.10 ANDREAS VONDERACH: Völkerpsychologie. Was uns unterscheidet, 2., überarb. u. erg. Aufl., Schnellroda 2016.
Umfassende Darstellung aller völker- und rassenpsychologischen Forschungen. Beinhaltet u.a. Kapitel über die Untersuchungen der Kulturvergleichenden Psychologie, Freedmans Untersuchungen an Neugeborenen und die neueren Untersuchungen über Neurotransmitter-Gene (DRD4, SERT, OPRM1, MAOA).

18. Rassismus

18.1 IMMANUEL GEISS: Geschichte des Rassismus, Frankfurt a.M. 1988.
Das Buch des in Bremen lehrenden Historikers (1931–2012) steht noch für einen gemäßigten „Antirassismus“, insofern er die Existenz von Rassen beim Menschen nicht anzweifelt. Der „Rassismus“ beginnt für Geiss aber bei Intelligenzunterschieden zwischen den Rassen. *„Rassismus behauptet, daß – physisch und äußerlich durchaus unterschiedliche – ‚Rassen‘ auch in ihren geistigen Fähigkeiten biologisch, d.h. im Prinzip unveränderbar verschieden seien.“*

Die aktuelle Literatur geht durchgängig davon aus, daß es Rassen beim Menschen nicht gebe und daß schon der Begriff der Rasse als biologische, natürliche Erscheinung selbst „rassistisch“ sei:

18.2 ROBERT MILES: Rassismus. Einführung in die Geschichte und Theorie eines Begriffs, Hamburg u. Berlin 1991.

18.3 CHRISTIAN GEULEN: Geschichte des Rassismus, München 2007.

18.4 WULF D. HUND: Rassismus, Bielefeld 2007.

18.5 CHRISTIAN KOLLER: Rassismus, Paderborn et al. 2009.

18.6 DOROTHEE KIMMICH, STEPHANIE LAVORANO u. FRANZISKA BERGMANN (Hg.): Was ist Rassismus? Kritische Texte, Stuttgart 2016.

18.7 SUSAN ARNDT: Rassismus. Die 101 wichtigsten Fragen, München 2012.
Die Autorin wittert überall Rassismus und tritt für eine umfassende Sprachzensur ein.

19. Der „Antirassismus"

19.1 MARTIN LICHTMESZ: Rassismus. Ein amerikanischer Alptraum, Schnellroda 2018.
Das Buch ist eine Polemik gegen die amerikanische „Antirassismus"-Bewegung. Dem Autor zufolge ist „Rasse" in Amerika allgegenwärtig, seit die politische Linke sich dieses Themas verstärkt angenommen habe. Der „Antirassismus" sei durch sie zu einer Art Zivilreligion geworden, die alle menschlichen Beziehungen kontaminiere. Unter Bezeichnungen wie *„Critical whiteness"* und *„Diversity"* beherrsche der Rassendiskurs den akademischen Alltag und dringe in die Gesellschaft vor. Die akademische Kopfgeburt der „kritischen Weißseinsforschung" setze voraus, daß alle Weißen sich farbigen Menschen überlegen fühlten und einer Erziehung zu ständiger Selbstkritik bedürften. Andererseits dürfe in den Medien hemmungslos gegen „alte weiße Männer" gehetzt werden. Es sei für Weiße praktisch unmöglich, nicht „rassistisch" zu sein. Lichtmesz zufolge ist diese Form von Antirassismus *„ein wissenschaftlich anmutender Tarnbegriff für Rassismus, und zwar gegen Weiße"*. Es gebe jedoch Anzeichen für eine Gegenbewegung, zu denen auch die Wahl Donald J. Trumps zum Präsidenten gehört habe.

19.2 WULF D. HUND: Rassismus und Antirassismus, Köln 2018.
Das Buch enthält auch einen kurzen Überblick über die Geschichte des „Antirassismus" aus „antirassistischer" Sicht.

19.3 PAUL EDWARD GOTTFRIED: Multikulturalismus und die Politik der Schuld. Unterwegs zum manipulativen Staat?, Graz 2004.

Der amerikanische Historiker jüdischer Herkunft (geb. 1941) spürt in seinem Buch den ideologischen Grundlagen des Multikulturalismus nach.

Nach Gottfried hat sich seit etwa 50 Jahren der moderne Staat durch den Zugriff auf die Bildungsinstitutionen zu einem Erziehungsstaat gewandelt. Dieser führt einen Feldzug gegen „Vorurteile“ und „Diskriminierung“ und für eine Nation mit einem universalistischen Selbstverständnis und offenen Grenzen. Die Wurzeln dieser Ideologie liegen in der marxistischen Denktradition. In der ersten Hälfte des 20. Jahrhunderts gab es marxistische Theoretiker (z.B. Antonio Gramsci, Karl Mannheim, Georg Lukács), die aus dem Scheitern verschiedener marxistischer Umsturzbestrebungen an der „reaktionären“ Gesinnung der Massen den Schluß zogen, daß die Veränderung der Gesellschaft vom Überbau ausgehen müsse. Erst müsse das Bewußtsein geändert werden. Das Mittel dazu seien die Bildungsinstitutionen des Staates und die Medien, in deren Besitz sich die fortschrittliche marxistische Elite setzen müsse. Gottfried sieht die Grundlagen des Multikulturalismus im Protestantismus. Eine zentrale Stellung im liberalen Protestantismus nimmt der Holocaust ein. Die Erinnerung an die Leiden der Juden ist ein Anlaß für kollektive Buße. Der Holocaust paßt in eine christliche religiöse Tradition, die die transitorische (das heißt metaphysische, das Diesseits überwindende, heilsbringende) Bedeutung von Todesqual und Tod in der Kreuzigung Christi zu ihrem zentralen Symbol gemacht hat. Das *„wirft die Frage auf, ob und inwieweit der Kern des zeitgenössischen fortschrittlichen Christentums masochistischer Natur sein könnte“*.

Die Konzentration auf die *„sündhafte Natur des Menschen“* sei ein genuin protestantisches Anliegen. Anders als die Katholiken kennten die Protestanten nicht das Bußsakrament der Beichte und neigten daher dazu, ein diffuses Gefühl der Schuld mit sich herumzutragen. Besonders für die Calvinisten sei die Vorstellung zentral gewesen, daß die Sünde *„aufgrund des Sündenfalls das Denken, die Gefühle und den Willen des Menschen beherrscht“*.

Ebenso zentral ist die Frage: Wer ist auserwählt, wer verdammt? Der einzelne ist nicht in der Lage, Einfluß auf sein Jenseitsschicksal zu nehmen, das ist allein eine Sache der göttlichen Gnade (Prädestinationslehre). Der Mensch kann Gottes rettende Botschaft erst dann verstehen, wenn er durch den Heiligen Geist dazu befähigt wurde (Römer 5,12; Markus 4,11). Umso eifriger hält er Ausschau nach Zeichen der Gnade, nach dem Wirken des Heiligen Geistes. Die calvinistischen Gemeinschaften versuchen, unter sich eine Lebensweise zu etablieren, die auf einer Ordnung basiert, von der die Gläubigen hofften, daß sie gottgefällig sei. Sie versuchten, sich und den anderen zu beweisen, daß unter ihnen der Heilige Geist wirksam ist. Ein Mittel dafür ist die öffentliche Buße für begangene Sünden. Nach Calvin (in seiner „Institutio") weist nämlich eine *„echte Buße"* auf das vorhergehende Wirken der Gnade hin.

Im liberalen Protestantismus werden nun die Erzählungen des Sündenfalls, der Passion Christi und des Erlösungsversprechens umgedeutet. Der Sexismus, der Kolonialismus, die Sklaverei, der Rassismus, die Diskriminierung von Minderheiten und der Holocaust treten an die Stelle des Sündenfalls. Das Kreuz stehe *„für das ungerechte Leiden in der gesamten Geschichte"*.

Diese Position, die ursprünglich auf eine Minderheit im Protestantismus beschränkt war, hat inzwischen Eingang in den Mainstreamprotestantismus gefunden. Die Haltung zum Sexismus, Rassismus usw. und zu den verschiedenen Minderheiten und Opfergruppen wird so zum Prüfstein der eigenen Auserwähltheit. *„Die Zurückweisung der eigenen Kultur-, Rassen- und Geschlechtszugehörigkeit durch die Gruppe der Nichtopfer wird geradezu als Zeichen eines geheiligten Lebens in einer Welt ausgelegt, die als verworfen eingestuft wird"*. Nur, wer wirklich „vorurteilslos" ist, befindet sich im Stand der Gnade, alle anderen sind Teil der Sünde. Es wird inzwischen als Pflicht westlicher Politiker angesehen, die Untaten gegen bestimmte Opfergruppen in der Vergangenheit öffentlich zu beklagen. Derartige Klagen stellen die moderne Entsprechung zu der früheren öffentlichen Buße der Calvinisten dar. Der Sinn des Sündenbekenntnisses liegt in der Handlung selbst. Es verweist auf die Herzensreinheit, an der die geistlich Erlösten zu erkennen sind. Die öffentliche Buße dient in erster Linie der Selbstdarstellung derer, die sich als tugendhaft einstufen.

Diese psychologische Funktion der Buße als Zeichen der Auserwähltheit erklärt, warum die weiße Mehrheitsbevölkerung gegen ihre eigenen Interessen handelt. Indem sie sich von ihren eigenen Traditionen und Interessen lossagt, kann sie sich aus dem Stand der Sünde befreien. In den westlichen Gesellschaften gehört es mittlerweile zum guten Ton, die eigene Ethnie und die eigenen Traditionen abzuwerten. Sie koppeln sich damit von ihrer eigenen Geschichte ab.

20. Sonderfälle

20.1 RASMUS GRØNFELDT WINTHER: „Race and Biology"; in: PAUL C. TAYLOR, LINDA MARTIN ALCOFF u. LUVELL ANDERSON (Hg.): The Routledge Companion to Philosophy of Race, New York u. Abingdon 2018, S. 305–320.
Enthält wichtige Daten über die genetische Verschiedenheit von Menschen und Primaten sowie die individuelle und geographische Variabilität des Menschen.

20.2 H. SMITH, D. CHISZAR u. R. MONTANUCCI: „Subspecies and Classification"; in: Herpetological Review 28, 1997, S. 13–16.
Die Autoren verweisen auf die nicht-diskrete Natur der Subspezies im Tierreich, zwischen denen es keine scharfen Grenzen, sondern nur gleitende Übergänge gibt (wovon die Menschen keine Ausnahme darstellen).

20.3 NORMAN J. SAUER, JANE C. WANKMILLER u. JOSEPH T. HEFNER: „The Assessment of Ancestry and the Concept of Race"; in: SOREN BLAU u. DOUGLAS H. UBELAKER (Hg.): Handbook of Forensic Anthropology and Archeology, 2. Aufl., New York u. Abingdon 2016, S. 243–260.
Die Autoren beschreiben, wie forensische Anthropologen anhand des Schädels und Skeletts die unterschiedlichen Rassen identifizieren können, verwahren sich jedoch gleichzeitig gegen den Vorwurf „typologischen" Denkens.

20.4 STEPHEN OUSLEY, RICHARD JANTZ u. DONNA FREID: „Understanding Race and Human Variation: Why Forensic Anthropologists Are Good at Identifying Race"; in: American Journal of Physical Anthropology 139, 2009, S. 68–76.
Die Autoren – selbst forensische Anthropologen – versuchen zu erklären, wie es möglich ist, daß Menschen aufgrund ihrer Skelettmerkmale präzise ihrer ethnischen Gruppe oder Rasse zugeordnet werden können, obwohl es zwischen den menschlichen Rassen keine scharfen Grenzen gibt.

20.5 ROBIN O. ANDREASEN: „A New Perspective on the Race Debate"; in: The British Journal for the Philosophy of Science 49, 1998, S. 199–225.

20.6 ROBIN O. ANDREASEN: „Race: Biological Reality or Social Construct?“; in: Philosophy of Science 67/Supplement, 2000, S. S653–S666.

20.7 ROBIN O. ANDREASEN: „The Cladistic Race Concept: A Defense“; in: Biology and Philosophy 19, 2004, S. 425–442.

20.8 ROBIN O. ANDREASEN: „Biological Conceptions of Race“; in: MOHAN MATTHEN u. CHRISTOPHER STEPHENS (Hg.): Philosophy of Biology, Amsterdam 2007, S. 455–481.

Die Philosophin sowie Rasse- und Genderforscherin an der Universität von Delaware in Newark Robin O. Andreasen möchte den biologisch realen Rassenbegriff mit dem sozialkonstruktivistischen versöhnen.

Sie sieht in der Rasse vor allem einen kladistischen Begriff. Unter Kladistik wird in der biologischen Systematik eine Methode verstanden, in der unterschiedliche Kladen (Abstammungsgemeinschaften) durch die Abspaltung einer Population mit neuen Merkmalen von einer ursprünglichen Population entstehen. Anhand der zu unterschiedlichen Zeiten entstandenen Merkmale kann man in einem Kladogramm einen Stammbaum der Arten oder Rassen rekonstruieren. Andreasen schreibt (1998): *„Races are monophyletic groups; they are ancestor-descendant sequences of breeding populations.“* Rassen sind für Andreasen also Gruppen unterschiedlicher Herkunft.

In der Praxis geht Andreasen selbst aber gar nicht kladistisch vor, indem sie die Entstehung von Merkmalen historisch (an Schädelmerkmalen oder mtDNS- oder Y-DNS-Haplotypen) Schritt für Schritt rekonstruiert, sondern sie liest vielmehr Dendrogramme – graphische Darstellungen der Ähnlichkeitsbeziehungen von Populationen – unkritisch als Stammbäume statt als die bloßen Phänogramme, die sie sind. Sie kommt so z.B. zu der Behauptung, Europide und Negride seien im kladistischen Sinne Rassen, die Mongoliden aber nicht, weil nämlich die Südostasiaten sich im serologischen Dendrogramm Cavalli-Sforzas mit den Ozeaniern und Melanesiern zusammenschließen, nicht mit den (hochmongoliden) Chinesen und Japanern. Abgesehen davon, daß diese Ähnlichkeitsbeziehungen bei anderen Merkmalen oder Merkmalszusammenstellungen auch anders aussehen können, liegt die besondere Stellung der Südostasiaten daran, daß sie aus der Mischung von (älteren) den Negritos, Ozeaniern und Melanesiern verwandten

einheimischen Völkern und den von Norden her eingedrungenen Mongoliden entstanden sind. Mit Mischvölkern kann die Kladistik aber nichts anfangen, in ihr hat jede Population immer nur eine einzige Vorläuferpopulation. Es hat schon seinen Grund, daß die Kladistik eine Methode zur Rekonstruktion der Entwicklung von Arten ist und nicht von Populationen und Rassen!
Es ist auch naiv, wenn Andreasen glaubt, die Konstruktivisten seien an den Vorstellungen – also den sozialen Konstrukten – der Menschen von Rassen interessiert und nicht an den biologisch realen Rassen. Vielmehr glauben die Konstruktivisten, mit den sozialen Konstrukten zugleich die Rassen selbst aus der Welt schaffen können.

20.9 EDOUARD MACHERY u. LUC FAUCHER: „Social Construction and the Concept of Race"; in: Philosophy of Science 72, 2005, S. 1208–1219.
Die Autoren vertreten die Ansicht, daß es sich bei der menschlichen Fähigkeit, ethnische Gruppen und Rassen zu erkennen, um eine kognitive Fähigkeit des Menschen auf evolutionärer Grundlage handle.

Quellenverzeichnis

AMADON, DEAN: „The Seventy-Five Per Cent Rule for Subspecies"; in: The Condor 51, 1949, S. 250–258.

ANANTHASWAMY, ANIL: „Under the skin"; in: New Scientist 174, 2002, S. 34–37.

ARNDT, SUSAN: Rassismus. Die 101 wichtigsten Fragen, 2., durchges. Aufl., München 2015.

AUERBACH, JUDY, VADIM GELLER, S. LEZER et al.: „Dopamine D4 receptor (DRD4) and serotonin transporter promoter (5-HTTLPR) polymorphisms in the determination of temperament in 2-month-old infants"; in: Molecular Psychiatry 4, 1999, S. 369–373.

AUTON, ADAM, KATARZYNA BRYC, ADAM R. BOYKO et al.: „Global distribution of genomic diversity underscores rich complex history of continental human populations"; in: Genome Research 19, 2009, S. 795–803.

AXIA, GIOVANNA, MARGOT PRIOR u. MARIA GRAZIA CARELLI: „Cultural Influences on Temperament: A Comparison of Italian, Italo-Australian, and Anglo-Australian Toddlers"; in: Australian Psychologist 27, 1992, S. 52–56.

BAMSHAD, MICHAEL J. STEPHEN WOODING, W. SCOTT WATKINS et al.: „Human Population Genetic Structure and Inference of Group Membership"; in: American Journal of Human Genetics 72, 2003, S. 578–589.

BAMSHAD, MICHAEL J., STEPHEN WOODING, BENJAMIN A. SALISBURY, J. CLAIBORNE STEPHENS: „Deconstructing the Relationship Between Genetics and Race"; in: Nature Reviews Genetics 5, 2004, S. 598–608.

BARBUJANI, GUIDO, ARIANNA MAGAGNI, ERIC MINCH u. L. LUCA CAVALLI-SFORZA: „An apportionment of human DNA diversity"; in: Proceedings of the National Academy of the USA 94, 1997, S. 4516–4519.

BEAVER, KEVIN M., JOHN PAUL WRIGHT, B. BOUTWELL et al.: „Exploring the association between the 2-repeat allele of the MAOA gene promoter polymorphism and psychopathic personality traits, arrests, incarceration, and lifetime antisocial behavior"; in: Personality and Individual Differences 54, 2013, S. 164–168.

BELLMANN, UTA: „Orientierungen". Über die Entstehung europäischer Bilder vom Orient und von Arabien in der Antike. Einflussfaktoren und stereotype Fortführungen im Mittelalter, Berlin 2009.

BENEDICT, RUTH: Urformen der Kultur, Hamburg 1955.

BENJAMIN, J., Y. OSHER, M. KOTLER et al.: „Association between tridimensional personality questionnaire (TPQ) traits and three functional polymorphisms: dopamine receptor D4 (DRD4), serotonin transporter promoter region (5-HTTLPR) and catechol O-methyltransferase (COMT)"; in: Molecular Psychiatry 5, 2000, S. 96–100.

BHATIA, GAURAV, NICK PATTERSON, SRIRAM SANKARARAMAN u. ALKES L. PRICE: „Estimating and interpreting FST: The impact of rare variants"; in: Genome Research 23, 2013, S. 1514–1521.

BLECH, JÖRG: „Die neue Rassendebatte"; in: Der Spiegel 17/2004, S. 186–188.

BOAS, FRANZ: The Mind of Primitive Man, New York 1911.
BOAS, FRANZ: Kultur und Rasse, 2. unveränd. Aufl., Berlin u. Leipzig 1922.
BOAS, FRANZ: „Race“, in: Encyclopaedia of the Social Sciences 13, 1934, S. 34.
BREUER, HUBERTUS: „Andere Rasse, andere Pille“; in: Die Zeit vom 19. September 2002.
BROWN, RYAN A., GEORGE J. ARMELAGOS: „Apportionment of Racial Diversity: A Review“; in: Evolutionary Anthropology 10, 2001, S. 34–40.
BÜHL, ACHIM: Rassismus. Anatomie eines Machtverhältnisses, Wiesbaden 2016.

CAVALLI-SFORZA, L. LUCA, PAOLO MENOZZI u. ALBERTO PIAZZA: The History and Geography of Human Genes, gek. Taschenbuchausg., Princeton 1996.
CHANG, FONG-MING, JUDITH R. KIDD, KENNETH J. LIVAK et al.: „The world-wide distribution of allele frequencies at the human dopamine D4 receptor locus“; in: Human Genetics 98, 1996, S. 91–101.
CHEN, CHUANSHENG, MICHAEL L. BURTON, ELLEN GREENBERGER u. JULIA DMITRIEVA: „Population Migration and the Variation of Dopamine D4 Receptor (DRD4) Allele Frequencies around the Globe“; in: Evolution and Human Behavior 20, 1999, S. 309–324.
CHIAO, JOAN Y. u. KATHERINE D. BLIZINSKY: „Culture-gene coevolution of individualism-collectivism and the serotonin transporter gene“; in: Proceedings of the Royal Society B (Biological Sciences) 277, 2009, S. 529–537.
CHOPRA, VIRENDRA P. u. ILSE SCHWIDETZKY: „Quantitative Rassen-Systematik“; in: Homo 21, 1970, S. 40–46.
COLLINS, FRANCIS S.: „What we do and don’t know about ‚race‘, ‚ethnicity‘, genetics and health at the dawn of the genome era“; in: Nature Genetics 36, 2004 (Supplement), S. S13–S15.

DEGLER, CARL N. DEGLER: In Search of Human Nature. The Decline and Revival of Darwinism in American Social Thought, New York u. Oxford 1991.
DEREK V. EXNER, DANIEL L. DRIES, MICHAEL J. DOMANSKI, JAY N. COHN: „Lesser Response to Angiotensin-Converting-Enzyme Inhibitor Therapy in Black as Compared with White Patients with Left Ventricular Dysfunction“; in: New England Journal of Medicine 344, 2001, S. 1351–1357.
DING, YUAN-CHUN, HAN-CHANG CHI, DEBORAH L. GRADY et al.: „Evidence of positive selection acting at the human dopamine receptor D4 gene locus“; in: Proceedings of the National Academy of Sciences of the USA 99 (2002), S. 309–314.
DRAGAN, WOJCIECH Ł. u. WŁODZIMIERZ ONISZCZENKO: „Polymorphisms in the Serotonin Transporter Gene and Their Relationship to Two Temperamental Traits Measured by the Formal Characteristics of Behavior-Temperament Inventory: Activity and Emotional Reactivity“; in: Neuropsychobiology 51, 2005, S. 269–274.
DURANT, WILL DURANT: Kulturgeschichte der Menschheit, Bd. 4: Der Aufstieg Roms und das Imperium, Frankfurt a.M., Berlin u. Wien 1981.

EDGE, MICHAEL D. u. NOAH A. ROSENBERG: „Implications of the apportionment of human genetic diversity for the apportionment of human phenotypic diversity“; in: Studies in History and Philosophy of Biological and Biomedical Sciences 52, 2015, S. 32–45.

EDWARDS, A. W. F.: „Human genetic diversity: Lewontin's fallacy"; in: BioEssays 25, 2003, S. 798–801.

EIBL-EIBESFELDT, IRENÄUS: Menschenforschung auf neuen Wegen. Die naturwissenschaftliche Betrachtung kultureller Verhaltensweisen, Wien, München u. Zürich 1976.

EICKSTEDT, EGON VON: Rassenkunde und Rassengeschichte der Menschheit, Stuttgart 1934.

EICKSTEDT, EGON VON: „Rezension von N. Kossovitch: Contribution à l'étude anthropométrique et sérologique des Arméniens; in: Revue d'Anthropologie XLIV (1934), S. 297–334"; in: Zeitschrift für Rassenkunde 2, 1935, S. 329.

EL-TARRAS, A. E., A. A. ALUSULAIMANI, N. S. AWAD, et al.: „Association study between the dopamine-related candidate gene polymorphisms and ADHD among Saudi Arabia population via PCR technique"; in: Molecular Biology Reports 39, 2012, S. 11081–11086.

ENTINE, JON u. SALLY SATEL: „Race Belongs in the Stem Cell Debate"; in: Washington Post vom 9. September 2001, S. B01.

FAULK, RYAN: „Variation Within and Between Races", thealternativehypothesis.org vom 15. April 2016.

FINKIELKRAUT, ALAIN: Interview in der Wochenendbeilage der israelischen Tageszeitung „Haaretz" am 18. November 2005, S. 26–32 (Übersetzung von Edna Brocke aus dem Hebräischen; vgl. compass-infodienst.de/Alain-Finkielkraut-Was-fuer-eine-Art-Franzosen-sind-sie-Interview.3672.0.html).

FREEDMAN, DANIEL G. u. NINA CHINN: „Behavioral Differences between Chinese-American and European-American Newborns"; in: Nature 224, 1969, S. 1227.

FREEDMAN, DANIEL G.: Human Infancy. An Evolutionary Perspective, New Jersey 1974.

FREEDMAN, DANIEL G.: „Ethnic Differences in Babies"; in: LAURENCE DUNDES (Hg.): The Manner Born. Birth Rites in Cross-Cultural Perspective, Walnut Creek 2003, S. 221–229.

FREEMAN, DEREK: Liebe ohne Aggression. Margaret Meads Legende von der Friedfertigkeit der Naturvölker, München 1983.

GELERNTER, JOEL, HENRY KRANZLER, EMIL F. COCCARO et al.: „Serotonin transporter protein gene polymorphism and personality measures in African American and European American subjects"; in: American Journal of Psychiatry 155, 1998, S. 1332–1338.

GELERNTER, JOEL, JOSEPH F. CUBELLS, JUDITH R. KIDD et al.: „Population Studies of Polymorphisms of the Serotonin Transporter Protein Gene"; in: American Journal of Medical Genetics (Neuropsychiatry Genetics) 88, 1999, S. 61–66.

GEULEN, CHRISTIAN: „Blonde bevorzugt. Virchow und Boas: Eine Fallstudie zur Verschränkung von ‚Rasse' und ‚Kultur' im ideologischen Feld der Ethnizität um 1900"; in: Archiv für Sozialgeschichte 40 (2000), S. 147–170.

GEULEN, CHRISTIAN: „Franz Boas und der Kulturdeterminismus", in: SCHMUHL: Kulturrelativismus und Antirassismus, S. 121–139.

GOLDSTEIN, DAVID B. u. JOEL N. HIRSCHHORN: „In genetic control of disease, does ‚race' matter?"; in: Nature Genetics 36, 2004, S. 1243 f.

GREIl, HOLLE u. GISELA GRUPE: „Geschichte der Gesellschaft für Anthropologie e.V.“; in: GISELA GRUPE, GEORGE MCGLYNN u. JORIS PETERS (Hg.): Beiträge zur Anthropologie und Paläoanatomie, Rahden/Westf. 2013, S. 25–78.

GRIEGER, PAUL: „Essai d'une analyse caractérologique des peuples. Cas de l'éthnotype Libanais“; in: Revue de Psychologie des Peuples 10, 1955, S. 269–287.

GROLLE, JOHANN: „Wenn Rassismus Therapien verhindert“; spiegel.de vom 5. März 2018.

GUO, GUANG, MICHAEL E. ROETTGER u. TIANJI CAI: „The Integration of Genetic Propensities into Social-Control Models of Delinquency and Violence among Male Youth“; in: American Sociological Review 73, 2008, S. 543–568.

GUO, GUANG, XIAO-MING OU, MICHAEL E. ROETTGER, JEAN C. SHIH: „The VNTR 2 repeat in MAOA and delinquent behavior in adolescence and young adulthood: Associations and MAOA promoter activity“; in: European Journal of Human Genetics 16, 2008, S. 626–634.

HALL, STUART: „Rassismus als ideologischer Diskurs“; in: DOROTHEE KIMMICH, STEPHANIE LAVONARO u. FRANZISKA BERGMANN (Hg.): Was ist Rassismus? Kritische Texte, Stuttgart 2016, S. 172–187.

HARDER, BEN: „The Race to Prescribe. Drug for African Americans May Debut amid Debate“; in: Science News 167, 2005, S 247 f.

HARPENDING, HENRY: „Review of Jon Entine: Taboo: Why Black Athletes Dominate Sports and Why We're Afraid to Talk About It“; in: Population and Environment 22, 2000, S. 83–86.

HAUSCHILD, THOMAS: „Kultureller Relativismus und anthropologische Nationen. Der Fall der deutschen Völkerkunde“; in: ALEIDA ASSMANN, ULRICH GAIER u. GISELA TROMMSDORFF (Hg.): Positionen der Kulturanthropologie, Frankfurt a.M. 2004, S. 121–147.

HENSEL, SILKE: „Immigration und Rassendiskurs in den USA. Der Beitrag Franz Boas' zum Niedergang rassistischer Wissenschaft und Politik“; in: SCHMUHL: Kulturrelativismus und Antirassismus, S.101120.

HOCHMAN, ADAM: „Against the New Racial Naturalism“; in: Journal of Philosophy 110, 2013, S. 331–351.

HOLDEN, CONSTANCE: „Race and Medicine. Genetic studies of population differences, although controversial, promise clues to disease as well as new drug targets, scientists believe“; in: Science 5645 (302) 2003, S. 594 ff.

HOWELLS, WILLIAM W.: Cranial Variation in Man. A Study by Multivariate Analysis of Patterns of Difference Among Recent Human Populations, Cambridge 1973.

HUBBY, JOHN LEE u. RICHARD C. LEWONTIN: „A Molecular Approach to the Study of Genic Heterozygosity in Natural Populations. The Number of Alleles at Different Loci in Drosophila pseudoobscura“; in: Genetics 54, 1966, S. 577–594.

HUMAN GENOME PROJECT: „The Human Genome“; in: Nature 409, 2001, S. 812.

HUTZ, MARA H., SILVANA ALMEIDA, CARLOS E. A. COIMBRA et al.: „Haplotype and Allele Frequencies for Three Genes of the Dopaminergic System in South American Indians“; in: American Journal of Human Biology 12, 2000, S. 638–645.

IGNATIEV, NOEL: „‚Treason to Whiteness Is Loyalty to Humanity'. An Interview with Noel Ignatiev of *Race Traitor* Magazine"; in: RICHARD DELGADO u. JEAN STEFANCIC (Hg.): Critical White Studies. Looking Behind the Mirror, Philadelphia 1997, S. 607–612.

JAKOBSON, MATTIAS, SONJA W. SCHOLZ, PAUL SCHEET et al.: „Genotype, haplotype and copy-number variation in worldwide human populations"; in: Nature 451, 2008, S. 998–1003.

JORDE, L. B., W. S. WATKINS et al.: „The Distribution of Human Genetic Diversity: A Comparison of Mitochondrial, Autosomal, and Y-Chromosome Data"; in: American Journal of Human Genetics 66, 2000, S. 979–988.

JORDE, LYNN B. u. STEPHEN P. WOODING: „Genetic variation, classification and ‚race'"; in: Nature Genetics 36, 2004 (Supplement), S. S28–S33.

JOST, LOU: „GST and its relatives do not measure differentiations"; in: Molecular Ecology 17, 2008, S. 4015–4026.

KARDINER, ABRAM u. EDWARD PREBLE: Wegbereiter der modernen Anthropologie, Frankfurt a.M. 1974.

KASTEN, ERICH: „Franz Boas: Ein engagierter Wissenschaftler in der Auseinandersetzung mit seiner Zeit"; in: DÜRR, KASTEN u. RENNER: Franz Boas, S. 7–37.

KEITA, SHOMARKA O. Y.: „The Subspecies Concept in Zoology and Anthropology. A Brief Historical Review and Test of a Classification Scheme"; in: Journal of Black Studies 23, 1993, S. 416–445.

KEITER, FRIEDRICH: „Deutsche und Berber. Die Gesichtszüge mitteleuropäischer und nordafrikanischer Bevölkerungen"; in: Zeitschrift für Morphologie und Anthropologie 33, 1935, S. 474–490.

KELTIKANGAS-JÄRVINEN, LIISA, KATRI RÄIKKÖNEN et al.: „Nature and nurture in novelty seeking"; in: Molecular Psychiatry 9, 2004, S. 308–311.

KIMMICH, DOROTHEE, STEPHANIE LAVONARO u. FRANZISKA BERGMANN (Hg.): Was ist Rassismus? Kritische Texte, Stuttgart 2016.

KLUGER, AVRAHAM N., ZAHAVA SIEGFRIED u. RICHARD P. EBSTEIN: „A meta-analysis of the association between DRD4 polymorphism and novelty seeking"; in: Molecular Psychiatry 7, 2002, S. 712–717.

KNUSSMANN, RAINER: Vergleichende Biologie des Menschen. Lehrbuch der Anthropologie und Humangenetik, 2., völlig neu bearb. Aufl., Stuttgart et al. 1996.

KUNUGI, H., M. HATTORI, T. KATO et al.: „Serotonin transporter gene polymorphisms: ethnic difference and possible association with bipolar affective disorder"; in: Molecular Psychiatry 2, 1997, S. 457–462.

LANG, UNDINE E., MALEK BAJBOUJ, CATRIN WERNICKE et al.: „No Association of a Functional Polymorphism in the Serotonin Transporter Gene Promoter and Anxiety-Related Personality Traits"; in: Neuropsychobiology 49, 2004, S. 182 ff.

LEA, ROD u. GEOFF CHAMBERS: „Monoamine Oxidase, Addiction, and the ‚Warrior' Gene Hypothesis"; in: New Zealand Medical Journal 120, 2007, S. U2441.

LEVIS, RICHARD u. RICHARD LEWONTIN: The Dialectical Biologist, Cambridge 1985.

LEWONTIN, RICHARD C.: „The Apportionment of Human Diversity“; in: Evolutionary Biology 6 (1972), S. 381–398.

LEWONTIN, RICHARD C., STEVEN ROSE u. LEON J. KAMIN: Die Gene sind es nicht ... Biologie, Ideologie und menschliche Natur, München u. Weinheim 1987.

LI, JUN Z., DEVIN ABSHER, HUA TANG et al.: „Worldwide Human Relationships Inferred from Genome-Wide Patterns of Variation“; in: Science 319, 2008, S. 1100–1104.

LIEBERMAN, LEONARD, KATARZYNA A. KASZYCKA, ANTONIO J. MARTINEZ FUENTES et al.: „The Race Concept in Six Regions: Variation Without Consensus“; in: Collegium Anthropologicum 28, 2004, S. 907–921.

LIPPHARDT, VERONIKA u. KIRAN KLAUS PATEL: „Auf der Suche nach dem Europäer. Wissenschaftliche Konstruktionen des *Homo Europaeus*“; in: RÜDIGER HOHLS u. HARTMUT KAELBLE (Hg.): Geschichte der europäischen Integration bis 1989, Stuttgart 2016, S. 151–162.

LIPPHARDT, VERONIKA: „‚Investigation of Biological Changes‘. Franz Boas in Kooperation mit deutsch-jüdischen Anthropologen, 1929–1940“; in: SCHMUHL: Kulturrelativismus und Antirassismus, S. 163–185.

LIVINGSTONE, FRANK B.: „On the Non-Existence of Human Races“; in: Current Anthropology 3, 1962, S. 279 ff.

LONG, JEFFREY C. u. RICK A. KITTLES: „Human Genetic Diversity and the Nonexistence of Biological Races“; in: Human Biology 75, 2003, S. 777–798.

LÓPEZ HERRÁEZ, DAVID, MARC BAUCHET, KUN TANG et al.: „Genetic Variation and Recent Positive Selection in Worldwide Human Populations: Evidence from Nearly 1 Million SNPs“; in: PLoS ONE 4, 2009, e7888.

LOTRICH, FRANCIS E.u. BRUCE G. POLLOCK: „Meta-analysis of serotonin transporter polymorphisms and affective disorders“; in: Psychiatric Genetics 14, 2004, S. 121–129.

LUNDMAN, BERTIL: „Anthropologische Beobachtungen an fremdstämmigen Bevölkerungsgruppen in Schweden“; in: Homo 18, 1967, S. 73–77.

MACDONALD, KEVIN B.: Die Kultur der Kritik. Eine evolutionäre Analyse jüdischer Einflüsse auf intellektuelle und politische Bewegungen des 20. Jahrhunderts,Gröditz 2013.

MACHERY, EDOUARD u. LUC FAUCHER: „Social Construction and the Concept of Race“; in: Philosophy of Science 72, 2005, S. 1208–1219.

MANSOOR, ATIKA, KEHKASHAN MAZHAR u. RAHEEL QAMAR: „VNTR polymorphism of the DRD4 locus in different Pakistani ethnic groups“; in: Genetic Testing 12, 2008, S. 299–304.

MAYR, ERNST: Animal Species and Evolution, Cambridge 1963, S. 646.

MAYR, ERNST: Konzepte der Biologie, Stuttgart 2005.

MCGUFFIN, PETER, SHAZA ALSABBAN u. RUDOLF UHER: „The truth about genetic variation in the serotonin transporter gene and response to stress and medication“; in: The British Journal of Psychiatry 198, 2011, S. 424–427.

MERRIWETHER, D. A. et al.: „The structure of human mitochondrial DNA variation“; in: Journal of Molecular Evolution 33, 1991, S. 543–555.

MITTON, JEFFRY B.: „Genetic Differentiation of Races of Man as Judged by Single-Locus and Multilocus Analyses“; in: The American Naturalist 111, 1977, S. 203–212.

MÜLLER, KLAUS E.: Geschichte der antiken Ethnologie, Reinbek 1997.

NEYER, FRANZ J. u. JENS B. ASENDORPF: Psychologie der Persönlichkeit, 6., vollst. überarb. Aufl., Berlin 2018.

NG, CHEE HONG, SIMON EASTEAL, S. TAN et al.: „Serotonin transporter polymorphisms and clinical response to sertraline across ethnicities“; in: Progress in Neuropsychopharmacology and Biological Psychiatry 30, 2006, S. 953–957.

NIMTZ-KÖSTER, RENATE: „‚Alte Lehre zementiert‘“; in: Der Spiegel 20/1997, S. 218 ff.

NOBLE, ERNEST P., TULIN Z. OZKARAGOZ, TERRY L. RITCHIE et al.: „D2 and D4 dopamine receptor polymorphisms and personality“; in: American Journal of Medical Genetics (Neuropsychiatry Genetics) 81, 1998, S. 257–267.

PENNEBAKER, JAMES W., BERNARD RIMÉ u. VIRGINIA E. BLANKENSHIP: „Stereotypes of Emotional Expressiveness of Northerners and Southeners: A Cross-Cultural Test of Montesquieu's Hypotheses“; in: Journal of Personality and Social Psychology 70, 1996, S. 372–380.

PETERMANN, WERNER: Die Geschichte der Ethnologie, Wuppertal 2004.

PINKER, STEVEN: Das unbeschriebene Blatt, Berlin 2003.

PÖHL, FRIEDRICH: „Einleitung“; in: FRIEDRICH PÖHL u. BERNHARD TILG (Hg.): Franz Boas – Kultur, Sprache, Rasse. Wege einer antirassistischen Anthropologie, Wien u. Münster 2009, S. 1–25.

PRIOR, MARGOT, MICHAEL KYRIOS u. FRANK OBERKLAID: „Temperament in Australian, American, Chinese, and Greek Infants: Some Issues and Directions for Future Research“; in: Journal of Cross-Cultural Psychology 17, 1986, S. 455–474.

PRIOR, MARGOT, ELIO GARINO, ANN SANSON u. FRANK OBERKLAID: „Ethnic influences on ‚difficult‘ temperament and behavioural problems in infants“; in: Australian Journal of Psychology 39, 1987, S. 163–171.

RENNER, EGON: „Franz Boas' Historismus und seine Rolle bei der Begründung der amerikanischen Ethnologie“; in: MICHAEL DÜRR, ERICH KASTEN u. EGON RENNER (Hg.): Franz Boas. Ethnologe – Anthropologe – Sprachwissenschaftler. Ein Wegbereiter der modernen Wissenschaft vom Menschen, Wiesbaden 1992, S. 125–167.

RETI, IRVING M., JERRY Z. XU, JASON YANOFSKI et al.: „Monoamine oxidase A regulates antisocial personality in whites with no history of physical abuse“; in: Comprehensive Psychiatry 52, 2011, S. 188–194.

RIMÉ, BERNARD u. DINO GIOVANNINI: „The physiological patterns of reported emotional states“; in: KLAUS R. SCHERER u. HARALD G. WALLBOTT (Hg.): Experiencing Emotion. A Cross-cultural Study, Cambridge et al. 1986, S. 84–97.

RISCH, NEIL RISCH, ESTEBAN BURCHARD, ELAD ZIV u. HUA TANG: „Categorization of humans in biomedical research: genes, race and disease“; in: Genome Biology 3, 2002, S. 1–12.

RORTY, RICHARD: „Phony Science Wars“; in: The Atlantic Monthly 284, 1999, S. 120 ff.

ROSENBERG, NOAH A.: „A Population-Genetic Perspective on the Similarities and Differences among Worldwide Human Populations“; in: Human Biology 83, 2011, S. 659–684.

ROSENBERG, NOAH A., JONATHAN K. PRITCHARD, JAMES L. WEBER et al.: „Genetic Structure of Human Populations“; in: Science 298, 2002, S. 2381–2385.

RYSKOV, A. P., M. I. PROSNYAK et al.: „DNA Fingerprinting: Development of a Technology and Its Application to the Study of Human Populations"; in: A. J. BOYCE u. C. G. N. MASCIE-TAYLOR (Hg): Molecular Biology and Human Diversity, Cambridge 1996, S. 29–50.

SAITOU, N.: „A Genetic Affinity Analysis of Human Populations"; in: Human Evolution 10, 1995, S. 17–33.

SARICH, VINCENT u. FRANK MIELE: Race. The Reality of Human Differences, New York 2004.

SATEL, SALLY: PC, M. D. How Political Correctness is Corrupting Medicine, New York 2000.

SAVITZ, JONATHAN B. u. RAJKUMAR S. RAMESAR: „Genetic variants implicated in personality: A review of the more promising candidates"; in: American Journal of Medical Genetics (Neuropsychiatric Genetics) 131B, 2004, S. 20–32.

SCHENZ, VIOLA: Political Correctness. Eine Bewegung erobert Amerika, Frankfurt a.M. 1994.

SCHMIDT, KIRSTEN: Was sind Gene nicht? Über die Grenzen des biologischen Essentialismus, Bielefeld 2014.

SCHMUHL, HANS-WALTER (Hg.): Kulturrelativismus und Antirassismus. Der Anthropologe Franz Boas (1858–1942), Bielefeld 2009.

SCHOMBURG-SCHERFF, SYLVIA M.: „Ruth Fulton Benedict: Patterns of Culture"; in: CHRISTIAN F. FEEST u. KARL-HEINZ KOHL (Hg.): Hauptwerke der Ethnologie, Stuttgart 2001, S. 41–47.

SCHWARTZ, ROBERT S.: „Racial Profiling in Medical Research"; in: New England Journal of Medicine 344, 2001, S. 1392 f.

SCHWIDETZKY, ILSE u. HUBERT WALTER: Untersuchungen zur anthropologischen Gliederung Westfalens, Münster/Westf. 1967.

SCHWIDETZKY, ILSE: Grundlagen der Rassensystematik, Mannheim, Wien u. Zürich 1974.

SEN, S., M. BURMEISTER u. D. GHOSH: „Meta-analysis of the association between a serotonin transporter promoter polymorphism (5-HTTLPR) and anxiety-related personality traits"; in: American Journal of Medical Genetics (Neuropsychiatry Genetics) 127, 2004, S. 85–89.

SERRE, DAVID u. SVANTE PÄÄBO: „Evidence for Gradients of Human Genetic Diversity Within and Among Continents"; in: Genome Research 14, 2004, S. 1679–1685.

SHIPMAN, PAT: Evolution des Rassismus. Gebrauch und Mißbrauch von Wissenschaft, Frankfurt a.M. 1995.

SLEZKINE, YURI: Das jüdische Jahrhundert, Göttingen 2006.

SMITH, H. M., D. CHISZAR u. R. R. MONTANUCCI: „Subspecies and Classification"; in: Herpetological Review 28, 1997, S. 13–16.

SMITH, SHELLEY L.: „Single (sub)species then and now: An examination of the nonracial perspective of C. Loring Brace"; in: American Journal of Physical Anthropology 165, 2018, S. 104–125.

SPARKS, COREY S. u. RICHARD L. JANTZ: „A Reassessment of Human Cranial Plasticity: Boas revisited"; in: Proceedings of the National Academy of Sciences of the USA 99, 2002, S. 14636–14639.

STAGL, JUSTIN: Kulturanthropologie und Gesellschaft. Wege zu einer Wissenschaft, München 1974.

STOCKING, GEORGE W.: Race, Culture, and Evolution. Essays in the History of Anthropology, New York 1968.

STONEKING, MARK u. JOHANNES KRAUSE: „Learning about human population history from ancient and modern genomes"; in: Nature Reviews Genetics 12, 2011, S. 603–614.

SZANTAI, ESZTER, R. SZMOLA, MARIA SASVARI-SZEKELY et al.: „The polymorphic nature of the human dopamine D4 receptor gene: A comparative analysis of known variants and a novel 27 bp deletion in the promoter region"; in: BMC Genetics 6, 2005, S. 39.

TALMON, JACOB L.: Israel Among the Nations, London 1970.

TANG, H., T. QUERTERMOUS, B. RODRIGUEZ et al.: „Genetic Structure, Self-Identified Race/Ethnicity, and Confounding in Case-Control Association Studies"; in: American Journal of Human Genetics 76, 2005, S. 268–275.

TATE, SARAH K. u. DAVID B. GOLDSTEIN: „Will Tomorrow's Medicines Work for Everyone?"; in: Nature Genetics 136, 2004 (Supplement), S. S34–S42.

TAX, SOL: „The Use of Anthropology"; in: ders. (Hg.): Horizons of Anthropology, Chicago 1964, S. 445–481.

TEMPLETON, ALAN R.: „Human Races: A Genetic and Evolutionary Perspective"; in: American Anthropologist 100, 1999, S. 632–650.

TILG, BERNHARD: „Franz Boas' Stellungnahmen zur Frage der ‚Rasse' und sein Engagement für die Rechte der Afroamerikaner"; in: HANS-WALTER SCHMUHL (Hg.): Kulturrelativismus und Antirassismus. Der Anthropologe Franz Boas (1858–1942), Bielefeld 2009, S. 85–99.

TILG, BERNHARD: „Gegen den Strom der Zeit. Franz Boas, ein Anti-Rassist und politischer Aktivist"; in: PÖHL u. TILG: Kultur, Sprache, Rasse, S. 97–110.

TOMÀS, C., A. PICORNELL, J. A. CASTRO u. M. RAMON: „Genetic Analyses in Five Mediterranean Populations: Variation at Five Tetrameric Short Tandem Repeat Loci"; in: Human Biology 73, 2001, S. 349–363.

TOVO-RODRIGUEZ, LUCIANA, SIDIA M. CALLEGARI-JACQUES et al.: „Dopamine receptor D4 allele distribution in Amerindians: a reflection of past behavior differences?"; in: American Journal of Physical Anthropology 143, 2010, S. 458–464.

VAN TOL, H. H., C. M. WU, H. C. GUAN et al.: „Multiple dopamine D4 receptor variants in the human population"; in: Nature 358, 1992, S. 149–152.

VONDERACH, ANDREAS: „Ethnic Anthropology of the Former East Germany (before 1945): Geographical Differentiations and Feature Correlations"; in: Mankind Quarterly 47, 2006, S. 3–39.

VONDERACH, ANDREAS: Völkerpsychologie. Was uns unterscheidet, 2., überarb. u. erg. Aufl., Schnellroda 2016.

VONHOLDT, BRIDGETT M. et al.: „Whole-genome sequence analysis shows that two endemic species of North American wolf are admixtures of the coyote and gray wolf"; in: Science Advances 2, 2016, e1501714.

WAGNER, JACOB: Die Intelligenz und psychologische Welt von Beduinenkindern in der Negev-Wüste Israels, Frankfurt a.M. 1977.

WASSERLOOS, ARND: Wessen Gene, wessen Ethik? Die genetische Diversität des Menschen als Herausforderung für Bioethik und Humanwissenschaften, Berlin 2005.

WEIGMANN, KATRIN: „Schwarze Pille, weiße Pille“, spektrum.de vom 24. Juli 2006.

WIERSMA, ENNO DIRK: „Körperbau verschiedener Rassen und Konstitutionen im Zusammenhang mit psychologischen und physiologischen Eigenschaften“; in: Zeitschrift für angewandte Psychologie 33, 1929, S. 136–184.

WILLIAMS, REDFORD B., DOUGLAS A. MARCHUK, KISHORE M. GADDE et al.: „Serotonin-Related Polymorphisms and Central Nervous System Serotonin Function“; in: Neuropsychopharmakology 28, 2003, S. 533–554.

WILLS, MELISSA: „Are Clusters Races? A Discussion of the Rhetorical Appropriation of Rosenberg et al.'s ‚Genetic Structure of Human Populations'“; in: Philosophy, Theory, and Practice in Biology 9, 2017, S. 1–24.

WILSON, E. O. u. W. L. BROWN: „The Subspecies Concept and Its Taxonomic Application“; in: Systematic Biology 2, 1953, S. 97–111.

WITHERSPOON, D. J., S. WOODING, A. R. ROGERS et al.: „Genetic Similarities Within and Between Human Populations“; in: Genetics 176, 2007, S. 351–359.

WRIGHT, SEWALL: Evolution and the Genetics of Populations, 4. Aufl., Chicago 1984.

XING, JINCHUANG, W. SCOTT WATKINS, DAVID J. WITHERSPOON et al.: „Fine-scaled human genetics structure revealed by SNP microarrays“; in: Genome Research 19, 2009, S. 815–825.

YANCY, CLYDE W., MICHAEL B. FOWLER, WILSON S. COLUCCI, EDWARD M. GILBERT, MICHAEL R. BRISTOW, JAY N. COHN et al.: „Race and the Response to Adrenergic Blockade with Carvedilol in Patients with Chronic Heart Failure“; in: New England Journal of Medicine 344, 2001, S. 1358–1365.

YU, YW.-Y., S.-J. TSAI, T. J. CHEN et al.: „Association study of the serotonin transporter promoter polymorphism and symptomatology and antidepressant response in major depressive disorders“; in: Molecular Psychiatry 7, 2002, S. 1115–1119.

ZIMMER, DIETER E.: Deutsch und anders. Die Sprache im Modernisierungsfieber, Reinbek 1997.